SeaEagle

SeaEagle

# 希利爾的世界地理

## 美國外交部鼎力推薦

Virgil Mores Hillyer
維吉爾・希利爾 | 著
王奕偉 | 譯

媒體票選「影響一生的十大圖書」之一！
已翻譯成20多種語言，全球銷售超過1000萬冊！
《紐約時報》高度讚賞，全世界最受歡迎的地理讀物！

維吉爾・希利爾：「地理，帶給我們空間上的廣博知識！」
這位「卡爾維特學校」校長，他獨創的教育方式，為他贏得世界性的聲譽！
——《紐約時報》

設想一下，你飛到高高的天上，坐在宇宙的虛空中，用一架望遠鏡俯瞰地球

# 前言

在我小時候，曾經有一個願望。我想要開著火車，帶著我的朋友們繞著地球走一圈。雖然我長大以後無法開到火車，但是我坐火車到很多地方，真正實現環球旅行的夢想。我想要把自己的旅行見聞記錄下來，就像當年的探險家把他們的經歷記錄下來，所以我寫下這本書。

我決定把這本書送給以下這些人：

想要知道地平線那一頭有什麼的人；

想要知道聖誕老人的故鄉除了馴鹿以外還有什麼的人；

想要知道海盜們的寶藏在哪裡的人；

想要知道除了七大奇蹟以外，世界上還有哪些奇蹟的人；

……

如果你不在我所說的這些人之中也沒有關係，只要你對世界上的某一個地方感興趣，都可以翻開這本書。

古希臘的水手們有一本《航海指南》，裡面介紹世界各地的風土人情。所以，古希臘的水手們無論走到哪裡，都會帶著這本指南。我希望自己的這本書在將來也可以成為你的旅行指南。

以下的話，是我要對你的爸爸媽媽說的，你可以跳過去。

我曾經問過一個男孩：「你知道荷蘭嗎？」

他說：「我知道，那裡的人都穿著木鞋。」

除此以外，他再也說不出任何與荷蘭有關的事情。後來，他告訴我，他之所以翻開地理書，是因為他覺得裡面有些圖片很好看，至於書裡的文字，他完全不感興趣。

於是，我終於明白，我們的地理書不是太深奧——經緯度、氣候、礦產、工業……超出一個九歲孩子的理解範圍，就是太簡單——除了食物、服飾、建築以外，什麼也沒有。

為什麼不讓地理的學習變得像旅行一樣，既可以學到知識，又輕鬆有趣？當然，最好的地理課程是一次真正的環球旅行。但是，在我們的孩子有能力進行這樣的旅行之前，我們要先給他們一張生動的「地圖」。為了製作這張「地圖」，我將自己所學到的地理知識與這幾年的旅行見聞擺在桌上，從中挑選適合的資料。

這個過程就像廚師在為豐盛晚宴準備食材。地形、建築、食物、民族、風俗……我就像在做一張巨大的拼圖。我盡自己最大的努力，將精彩世界藏在每張書頁中，所以當孩子們翻開這本書，他們不是簡單地閱讀，而是在探索一個未知的世界。當然，不要忘記事先給他們準備一幅真正的世界地圖。

一個真正的好廚師，可以用最簡單的食材做出最美味的菜餚。因此，雖然這本書講述的許多地理知識很簡單，孩子們甚至對很多事情已經瞭解，但是我相信他們會在這裡得到不同的體驗。

我們在傳授知識的時候，往往過分重視教給孩子們什麼，但是卻忘記怎麼教，所以這些原本簡單的地理知識在孩子們那裡變成複雜的迷宮。就像有一次，我說：「羅馬在台伯河上。」我認為，這個已經是我可以用到

的最明確最簡單的詞語。但是，我發現孩子們竟然把這句話理解為：「羅馬在台伯河的正上方。」

正因為如此，我才會小心翼翼地選擇自己使用的詞語，我不能選擇太專業的詞語，更不能選擇太簡單的詞語，因為孩子們的想像力超乎我們的預料。有時候，我們完全無法掌控他們精彩而神奇的思維地圖。我選擇一些故事，並且透過一些我們經常看見和聽見的事情，幫助孩子們走出複雜的地理概念迷宮。

當孩子們像收集郵票的時候將這些迷人故事中的地理概念收集完整的時候，他們就會擁有一份屬於自己的旅行指南。如果他們有一天真正旅行到書中提到的地方，他們就會知道，哪裡是他們絕對不可以錯過的風景，哪些又是他們的旅程中最有價值的收穫。

到了那個時候，他們或許可以像許多偉大的探險家那樣，寫下屬於自己的探險日記。

CONTENTS

# 目錄

**前言**

**序篇：大觀世界**

第 1 章：萬花筒中的世界 /15

第 2 章：世界是圓的嗎？ /20

第 3 章：生活在彼岸的人們 /24

第 4 章：大洲的尋祖之路 /28

第 5 章：地底的秘密 /30

**第一篇：歐洲**

第 6 章：駛向英國 /37

第 7 章：盎格魯人之國在哪裡？ /41

第 8 章：連成一片的國家 /47

第 9 章：浪漫之都 /51

第 10 章：兩個低窪的國家 /56

第 11 章：鬥牛士的家鄉 /60

第 12 章：獨佔高處的瑞士 /65

第 13 章：裝滿水的「靴子」 /69

第 14 章：「含苞待放」的城市 /74

第 15 章：條條大路通羅馬 /79

第 16 章：活潑好動的維蘇威火山 /83

第 17 章：戰爭、童話、音樂都在這裡 /87

第 18 章：有故事的丹麥人 /92

第 19 章：丹麥旁邊的「鯨魚」 /96

第 20 章：太陽不落下的國家 /101

第 21 章：盛產神話之國 /105

第 22 章：經常被忽視的九個國家 /109

第 23 章：土都會被凍起來的國家 /112

第 24 章：把溫度計凍得失靈的地方 /115


**第二篇：亞洲**

第 25 章：尋找亞洲之旅 /121

第 26 章：星星遺落的地方 /124

第 27 章：迷戀新月的土耳其 /128

第 28 章：消失的國家 /132

第 29 章：遺落在人間的伊甸園 /134

第 30 章：綠洲上的阿拉伯人 /137

第 31 章：提到地毯，你會想到哪裡？ /140

第 32 章：與美國相對的地方 /143

第 33 章：永遠不會獵殺大象的國家 /146

第 34 章：風情各異的東南亞 /149

第 35 章：東方的大國 /153

第 36 章：大國風情 /157

第 37 章：經常晃動的島國 /161

第 38 章：讓人羨慕的日本「特產」 /164

第 39 章：萬島國度 /169


**第三篇：美洲**

第 40 章：山姆大叔的家鄉 /175

第 41 章：「華盛頓」特別多的國家 /179

第 42 章：女王和男爵的城市 /184

第 43 章：帝國之州的特別之處 /188

第 44 章：新英格蘭的成員 /193

第 45 章：聚集在一起的「五大湖」 /196

第 46 章：美國最大的河 /200

第 47 章：每個人都喜愛的佛羅里達州 /204

第 48 章：開著大篷車去淘金 /208

第 49 章：科羅拉多大峽谷 /212

第 50 章：「世界之最」最多的地方 /216

第 51 章：天高地廣的加拿大 /220

第 52 章：戰神的國度 /223

第 53 章：交通要塞——巴拿馬運河 /228

第 54 章：海盜聚集地 /231

第 55 章：南美洲北部的寶藏 /234

第 56 章：安地斯山腳下的富裕之地 /238

第 57 章：白銀之都，真的有很多白銀嗎？ /241

## 第四篇：非洲、大洋洲

第 58 章：「黑暗大陸」 /247

第 59 章：有很多「穆罕穆德」的地方 /252

第 60 章：非洲動物世界 /255

第 61 章：鑽石王國 /259

第 62 章：海洋中突起的大陸 /262

第 63 章：這裡真的有食人族嗎？ /266

# 序篇：大觀世界

# 第 1 章：萬花筒中的世界

　　誰曾經看過自己的臉？如果你這樣問孩子們，他們都會舉手說自己看過。可是你真的看過嗎？事實恐怕不然，因為沒有鏡子之類的東西，我們不可能看見自己的臉。

　　這樣想來，我們看不到的東西確實很多，例如：我們的背部，或是整個地球。

　　雖然我們生活在地球上，但是我們看到的只是周圍的一些世界，就像海洋裡的魚，覺得世界像一個巨大的木桶，裡面都是水；就像沙漠裡的駱駝，覺得世界像一個巨大的沙丘，到處都是沙；就像冰山裡的北極熊，覺得世界像一個巨大的冰櫃，裡面都是冰和雪；就像森林裡的熊寶寶，覺得世界像一片巨大的森林，裡面都是樹。

　　以前的人們還說：「世界像一個巨大的泥土餡餅，有水、有沙子、有冰、有樹，還有頭頂上的天空。」

　　這個時候，一些好奇的孩子們會問：「像泥土餡餅這樣的世界，又是在什麼上面？」

　　人們會認真地回答：「在四頭大象的背上。」

　　孩子們追問：「大象站在哪裡？」

　　他們會說：「在烏龜的背上。」

　　孩子們繼續問：「烏龜站在哪裡？」

　　人們無法回答這個問題，只留下一片寂靜，於是整個世界只剩下孤單的烏龜，什麼都沒有。這就是以前的父母會對孩子們描繪的世界。

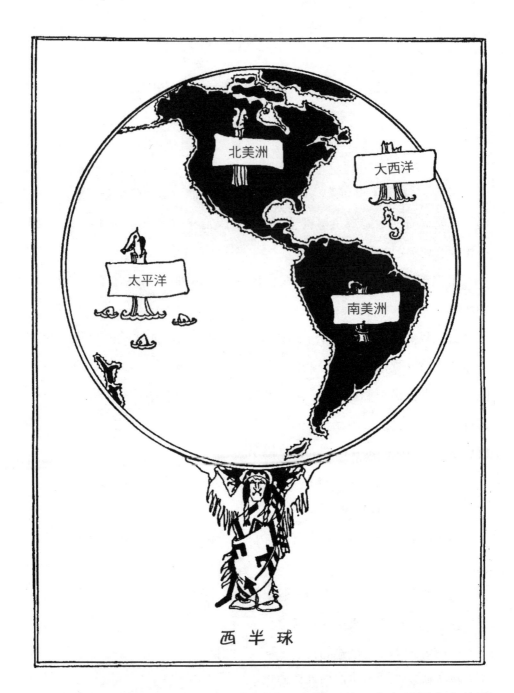

西半球

其實，我們不妨設想一下：我們可以高聳入雲，坐在雲層之上悠閒地看著腳下的世界，這個世界應該是什麼模樣？雖然我們的飛機無法幫助

東 半 球

我們太多，但是有一個可以將任何物體放大的鏡子可以幫助我們，它就
是——望遠鏡。

透過望遠鏡，看見地球像一輪雪球般的白色滿月，因為太陽的照射，不僅白而且亮。太陽的照射雖然像夜間汽車的尾燈一樣可以使道路明亮，可是它只能照亮地球的一面，另一面一片黑暗。但是大家都知道，地球每天都在圍繞太陽不停地轉動，因此黑暗的球面會逐漸迎來光明。使用望遠鏡看地球，人們也會發現：在地球的一面上，有兩個巨大的像影子一樣奇形怪狀的補丁，另一面則有四個。這些補丁就是我們最熟悉的大陸，如果用字母給這些名字各異的大陸做標記，我們可以很容易地在地球的一面上讀到：北美洲和南美洲，然後在另一面讀到：歐洲、亞洲、非洲、南極洲，以及世界上最小的洲——大洋洲。

地球的兩面不能像錢幣那樣簡單地分為正面和背面，因此我們將那些奇形怪狀的陰影分為兩面，每面用「半球」（在英語中，以hemisphere表示）來代稱，一面稱為西半球，一面稱為東半球。西半球上有兩塊大陸，東半球上有四塊大陸。在地球的最頂端和最底端，終年被冰雪覆蓋，溫度極低，我們將它們稱為「極」（在英語中，以pole表示）。

除了這些被稱為大陸的陰影和極地的冰雪以外，地球上的其他地方都是水，雖然沒有天然的屏障可以區分這些水，可是人們還是為這些不同位置的水命名，那些圍繞在大陸旁邊的水被稱為「洋」。

如果你現在有3歲，應該可以區分自己的左手和右手；如果你現在有9歲，也可以清楚地區分東方和西方，因為老師和家人曾經告訴你：太陽升起的地方是東方，落下的地方是西方。現在，我們假設你右手的方向是東，左手的方向是西，你面對的方向是北，背對的方向是南。

將這個方向運用到大洋中，以北美洲和南美洲為中心，太平洋在這兩塊大陸的西邊，這兩塊大陸的東邊是大西洋，海岸線沒有超過東半球的是印度洋，地球的最北端是北極海，最南端是南極海。南極海和極地一樣，終年被冰雪覆蓋，溫度極低，所以那裡沒有水，只有冰。如果我們想要

為這些大洋做標記，只能把巨大的字母標誌插到水裡，因為水面上無法寫字。

這就是我們生活的地球。也許你會問：「除了地球以外，還有其他星球可以讓人類生存嗎？」有些人會假想存在像星星那樣閃爍的星球，在那個星球上也有人居住，可是至今仍然沒有人可以給出肯定的答案，即使最精密的望遠鏡也無法讓我們看到遙遠星球上的東西，因此我們可以做的只是在心中猜測。

### 【歷險手稿】——望遠鏡的問世

1609年6月，義大利物理學家和天文學家伽利略偶然聽聞一個荷蘭商人有一個神奇的眼鏡，用這副眼鏡可以看見遠處肉眼看不見的東西。難道這就是傳說中的「千里眼」？伽利略聽到這個消息以後，異常的興奮。於是，他立刻寫信給自己的學生們，請他們幫忙確認這件事情的真實性。雖然回信中沒有提到這個商人是如何做到的，但是卻提到「鏡管」這個資訊。

伽利略受到鏡管的啟發，想到凸透鏡和凹透鏡的搭配方法，又製作一個精巧的可以滑動的雙層金屬管。結果，奇蹟出現了！透過它，觀看50英里以外的物體，就像觀看5英里以內的物體那樣清晰。

後來，伽利略對望遠鏡不斷改進，最後竟然可以把物體放大1000倍。他的發明，結束幾千年以來肉眼觀察日月星辰的時代，讓整個宇宙逐漸走入人們視野。

# 第 2 章：世界是圓的嗎？

小時候，媽媽告訴我地球是一個球，如果我一直沿著鼻子的方向往前走，最後就會回到出發的地方。我為了驗證媽媽的話，曾經大膽地策劃一場離家出走。然而，我最後還是被警察叔叔押送回家。

長大以後，我決定再進行一次環繞地球。這一次，我選擇乘坐火車，往太陽下山的方向前行。火車帶著我，穿過寂靜的田園，繞過繁華的都市，攀過巍峨的高山。一路上，我看見從未看過的民族，聽見從未聽過的語言。這一切，都讓我增長許多知識。終於，在幾個月的艱難跋涉以後，我回到出發的地方，用行動證明世界是圓的。

這次超過25000英里的環繞地球旅行，花費我將近半年的時間。然而，不是所有環繞地球的旅行都要花費這麼長的時間，例如：「格拉夫‧齊柏林號」航空母艦繞地球一圈只要三個星期，美國空軍戰鬥機繞地球一圈只要一天多。

如果有人想要在日出的時候出發，日落的時候走完地球一面，然後再繼續跟隨太陽走完另一面，第二天回到出發地，就要以每小時1000英里的速度不停奔跑，才可以實現這個偉大壯舉。

其實，地球並不是像我們平時看到的籃球那樣圓。它長得有一些扁，就像一個又扁又胖的雞蛋。如果你在太空裡看地球，會看見地球蒙上一層面紗。那層面紗是地球的大氣層，地球上的所有生物都生活在空氣中。空氣對人類的重要性，就像水對魚的重要性一樣。魚脫離水會奄奄一息，人類脫離空氣也會無法生存。

在不同的地方，大氣的厚度也不相同。距離地面越近大氣越厚，距離地面越遠大氣越薄。這就是為什麼飛機只能在距離地面幾英里的高度飛行——如果它飛得太高，那裡的稀薄空氣無法推動螺旋槳，這樣一來，飛機就會掉下來。但是，有一個東西可以離開大氣層飛行，它就是——火箭。

即使火箭不必依靠地球大氣飛行，但是人類無論如何都不能離開空氣。空氣是我們最重要的夥伴，但是它有些故作神秘。它隨時在陪伴我們，但是從來不讓我們看見它的模樣。或許你會說：「不對，我看過空氣，它動起來的時候是白色。」但是我要說，你看到的或許不是空氣，而是煙，或是雲霧，它們都不是空氣。我們唯一知道空氣就在我們身邊的時候，就是一股冷風帶走你的帽子那一刻。

也許你會問：「是不是有地球的時候就有人類？」這是一個很大的誤解，地球的誕生比人類更早。在很久很久以前，地球是一個燃燒的巨大火球，經過無數個年頭，火球慢慢冷卻，變成一個岩石球。逐漸地，圍繞在地球周圍的氣體冷卻變成水蒸氣。就這樣，在地球上面有蒸汽團圍繞。

地球繼續冷卻，直到蒸汽團聚成水，不停地降落在地球上，匯集成巨大海洋，覆蓋整個地球。地球不斷冷卻，原本光滑圓潤的外表開始收縮變皺，那些皺起來的地方有升有降。最後，高出海面的地方變成陸地和山

地 球

地球曾經是一個大火球

海 洋

地球上一直不停地下雨，就形成海洋

陸 地

地球表面開始收縮、變皺、龜裂，
就像一塊梅子乾的表面

山 峰

陸地和山脈從海裡冒出來

脈。地球表面的運動不是靜悄悄的，它會引發海洋和地面的不定期劇震，
這就是人們熟知的地震。如果你經歷過當時的地震，就會知道現在的地震
有多麼微不足道。

　　伴隨這個巨變而來的是轟隆的巨響聲，我們的地球在爆炸，在斷裂，
彷彿世界末日的來臨。但是，關於地球海洋、大氣、陸地、山脈的形成，

都是現在人類的猜測，因為我們沒有親眼看見當時的情景。也許陸地被抬升的時候溫柔而和緩，就像小草破土一般悄無聲息。

這些真相終究都無從得知，我們唯一可以確定的是：現在我們在地球表面看見的所有景象，都不是它們最初的模樣。在漫長的時間裡，地球經歷許多變化。有時候，人們可以在某座山的山頂上找到海裡的貝殼，這就證明在幾萬年甚至幾十萬年以前，這座山或許藏在大海中。

### 【歷險手稿】——誰最早發現地球是圓的？

在西元前六世紀，古希臘哲學家畢達哥拉斯第一次提出這個觀點——「地球是圓的。」即使這個觀點被證明是正確的，但是畢達哥拉斯卻不是透過客觀的科學證據推測出這個結論，他之所以認為地球是圓的，只是因為他認為圓形是最美麗的幾何形體。

後來，古希臘哲學家和科學家亞里斯多德發現月蝕的時候月面出現的地球陰影是圓形，這是「地球是圓的」第一個科學證據。1519年9月6日，葡萄牙航海家麥哲倫率領265人從西班牙桑盧卡爾港出發，開始耗時三年的環球探險，最終他的船隊繞行地球一圈以後，回到他們當初出發的地方。這個實際行動證明：地球確實是圓的。

# 第 3 章：生活在彼岸的人們

　　據說，在地球上居住的人類已經超過70億。但是，我們竟然無法在70億人之中，找到一模一樣的兩個人。雖然每個人都有一個頭、一雙眼睛、一個鼻子、一張嘴、兩隻耳朵、雙手雙腳，但是再相似的兩個人，即使是雙胞胎身上，也總是有些不同，例如：姐姐比妹妹長得更高，哥哥的皮膚比弟弟的皮膚更黑……在不同的人群中，差異最大的地方就是在於皮膚的顏色。

　　通常，人們會把膚色相同的一類人稱為一個種族，這就是我們經常聽到的白種人、黑種人、黃種人。原本每個不同的種族在地球上都有各自獨立的居住區，但是隨著交通的發展和人際交往的加強，各個種族經常混居在一起，例如：在白人居住區，我們也會看到黑人和黃種人，白種人有時候也會在黑人居住區定居。

　　如果我們把地球比作一個村子，世界上的每個國家都是地球村裡的一個家庭。地球村裡總共有220多個家庭，也就是220多個國家。有些家庭的家族成員多，有些家庭的家族成員少。在地球村的不同家族中，中國的家庭成員最多，有十三億，這個數字後面的「0」足夠你寫上一陣子。

　　每個國家都有自己的統治者，就像每個家庭都有一位家長。不同的國家對統治者的稱呼不同，有些統治者叫做國王，有些統治者叫做總統。國王可以將自己的王位傳給兒子，他自己的王位也是從他的父親那裡繼承而來。國王從他登上王位的那一天開始，直到他死去那一天，都是國王。總統則不同。如果你曾經關注美國的總統選舉，就會經常聽到「這是XX位總

如果地球上的所有人都排成一列從你面前走過，這個場面一定很壯觀

統第二任期⋯⋯」這就說明，總統不能一直由一個人擔任。不同的國家對總統的任期有不同的規定，而且總統不能隨便將自己的位置傳給自己喜歡的人，即使是他的兒子也不可以，因為總統必須由人民選舉產生。

有國王的國家被稱為王國，如果這個國王正好統治幾個國家，他一般會被稱為皇帝，他統治的國家就會被稱為帝國。有總統的國家被稱為共和國，美國就是一個共和國。每個國家都有一個政府，政府是由國王或總統以及其他部門組成，政府負責制定政策，發行貨幣和郵票。

如果你有收集郵票的習慣，就會發現每個國家的郵票都不同，但是這些郵票並沒有優劣之分，就像每個國家的語言千差萬別，但是沒有好壞之分。世界上總共有5600多種語言，有些人會說一種，有些人會說多種，會說的語言越多，與其他國家的人們交流就會越容易。說起來也奇怪，每個美國人都會說英語，我自己就是美國人，英語是我們的母語，但是事實上英語最初是英國的語言。

英國在歐洲，可是如果你去歐洲旅遊，你會在商店、旅館、餐廳聽到各種不同的語言。亞洲大多是黃種人，使用最多的語言是中文。非洲大多是黑人，他們的語言千奇百怪，說不定連他們自己都不知道他們究竟有多少種語言。

每一種語言都有各自的發音系統和語言內涵，想要學會一種新的語言，一般要花費幾年的時間。我有一個朋友會說12種不同的語言，但是聽說有人會說100多種語言，真是一件令人驚歎的事情！

## 【歷險手稿】——人種分類

人類是在地球上分布最廣的一種動物，就像世界上沒有兩片相同的葉子，地球上也沒有完全相同的兩個人。人們根據遺傳的體質特徵，例如：

膚色、髮色、眼色、身高等特徵，將人類分成不同的種族。

　　按照最通用的分類法，現代人類分為四大人種：歐羅巴人種（又稱為白色人種或高加索人種或歐亞人種）、蒙古人種（又稱為黃色人種或亞美人種）、尼格羅人種（又稱為黑色人種或赤道人種）、澳洲人種（又稱為大洋洲人種或棕色人種）。

# 第 4 章：大洲的尋祖之路

如果我們拿著望遠鏡從遙遠的太空中看地球，會看見茫茫大海中漂浮幾塊「島嶼」。其實，這些島嶼就是我們生活的陸地。如果我們要給每塊陸地都塗上不同顏色，必須把七種顏色都用上才可以。我們把這些漂在水上的大片陸地稱為「洲」，這些大洲的面積有大有小，面積最大的是亞洲，接下來分別是非洲、北美洲、南美洲、南極洲、歐洲、大洋洲。

亞洲是亞細亞洲的簡稱。亞洲在東方，那裡是太陽升起的地方，所以「亞洲」也有「東方日出之地」的意思。

歐洲的全稱是歐羅巴洲。歐洲在西方，太陽從這裡落下。「西方日落之地」就是「歐洲」的意思。

阿非利加洲這個名字不太好記，所以你可以簡單地把它叫做「非洲」。在這裡，陽光特別充足，因此這裡也被稱為「陽光灼熱的大地」。

為了紀念義大利航海家亞美利哥，人們用他的名字給一片大洲命名為亞美利加洲，這就是美洲。整塊美洲大陸分為北美洲與南美洲。

大洋洲與其他大陸相比，顯得有些孤單。亞洲與歐洲連在一起，它們與非洲的距離也很近。北美洲與南美洲也一直待在一起。但是，大洋洲卻與其他陸地相隔很遠，獨自處在茫茫大海之中，或許正是因為這樣，人們才把它叫做大洋洲，意思為「大洋中的陸地」。

南極洲是一個冰雪覆蓋的地方，它因為處於南極地區而得名。

每個大洲之間，有一些自然地理風貌和人造工程作為分界線。七大洲像七巧板一樣，相互搭配，巧妙組合，共同組成地球上的陸地。

亞洲大陸和歐洲大陸緊密相連，是地球上最大的一塊陸地，也叫做歐亞大陸。人們將烏拉山、烏拉河、高加索山脈作為歐亞兩洲大陸的分界線。

白令海峽是亞洲與北美洲的分界，它連通太平洋和北極海。如果你要從北美洲到亞洲，從這裡走的距離最短。

帝汶海和阿拉弗拉海是亞洲和大洋洲的分界線。

在冰島與格陵蘭島之間的丹麥海峽，是歐洲和北美洲的分界線。同時，丹麥海峽也貫通北極海和大西洋。

巴拿馬運河是人們在中美洲地峽最狹窄處開鑿的一條運河，它的開通縮短大西洋和太平洋之間的航程，是世界重要的海洋航運的樞紐。巴拿馬運河的北面是北美洲，南面是南美洲。

如果你從地中海附近國家去大西洋，一定會經過一處名叫直布羅陀海峽的地方，這個海峽也是歐洲與非洲的分界線。

德雷克海峽是南美洲和南極洲的分界線，也是溝通太平洋和大西洋的狹窄水道。

每個大洲都有其特殊的地質特點和自然風景，然而人們總是相信造物者偏愛歐洲，因為那裡的文明和大自然孕育人類的藝術。這種優勢延續500年左右。


## 【歷險手稿】——後出世的大洲

如果你翻開一張16世紀的世界地圖，會發現上面只有四個大洲：歐洲、亞洲、美洲、非洲。另外兩個大洲在哪裡？人們忘記畫嗎？不，事實是當時的人們並沒有發現地球上還有大洋洲和南極洲。直到1770年，人們才發現那塊孤單處於大洋之中的大洋洲。

# 第 5 章：地底的秘密

從小我就是一個好奇心極強的人。有一天，我和保姆珍妮在人行道上散步。這個時候，我問她：「珍妮，人行道下面是什麼？」

她隨口說著：「下面是一些泥土。」

我繼續追問：「泥土下面又是什麼？」

「除了泥土，還是泥土。」

我覺得這是她對我的敷衍，很不高興地看著她。於是，她思考一會兒又說：「我也不知道，也許什麼都沒有，為什麼你總是喜歡問這樣的問題？」

我知道地下一定有些什麼東西，只是我不知道這些東西是什麼。對此，我充滿強烈的好奇。

在我很小的時候，我覺得地下一定有一個巨大的山洞，那裡漆黑一片，又潮濕又寒冷，而且還有壞人住在裡面。因為那個時候我經常聽大人們說，壞小孩死後會到地下。我還聽說，在地球另一邊住著一些人，他們是頭朝下腳朝上，在天花板上行走。我非常驚訝，想要去看個究竟。於是，我決定挖一條通道，穿過地球，到中國去看看這一切到底是不是真的。我的宏偉計畫開始了：我從家裡後院的葡萄架開始挖起，一天接著一天不間斷。起初挖到的是一些鬆軟的泥土，越往深處泥土越硬，不久之後，我挖出一個和自己齊腰的坑。

終於有一天，爸爸發現我的秘密。他笑著問：「孩子，你在院子裡挖這麼大的坑做什麼用？」我支支吾吾一陣子，覺得無法隱瞞，就將自己的

計畫告訴爸爸。

　　我正在等著爸爸哈哈大笑，笑我是一個大傻瓜。但是，爸爸只是平靜地問我：「你知道你需要挖多麼深的坑才可以挖穿地球嗎？如果它需要像華盛頓紀念碑那麼深，你可以挖嗎？」

　　我思考一會兒，華盛頓紀念碑很高，我要費力抬起頭，把脖子伸得很長，才可以看見它的頂端。但是，我還是堅定地回答：「我可以！」

　　接著，爸爸抱著我，然後對我說：「孩子，不要說華盛頓紀念碑那樣深的坑，就是比它再深的坑，我們也可以挖出來。可是，這些都與挖穿地球相差太遠。如果要從地球這一端挖一個坑穿到另一端，我們至少要挖一個8000英里深的坑，而且地下不僅只有泥土，還有許多堅硬無比的石頭，非常難挖，所以直到今天，還沒有人可以挖出這樣的坑。」

　　「既然沒有人曾經挖穿地球，你怎麼知道它有8000英里深？」我反問。爸爸回答我，可是當時我太小，現在我已經忘記他的回答。但是，我現在可以告訴你們，為什麼人們不必挖坑就可以知道挖穿地球需要一個8000英里的坑。

　　無論是大球還是小球，每一個球最大的一圈（即數學上的周長）大約是直徑的三倍左

我要挖一條穿過地球的通道去看個究竟

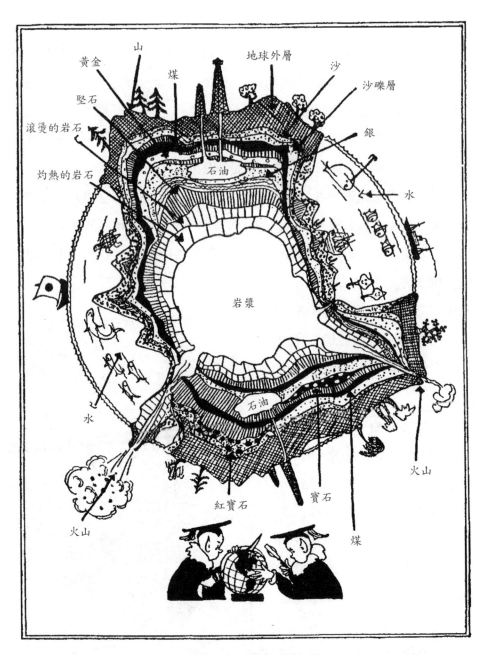

黃金　山　煤　地球外層　沙　沙礫層
堅石　銀
滾燙的岩石　水
灼熱的岩石
石油
岩漿
水
石油
火山
紅寶石　寶石　煤
火山

地球縱剖面圖

右。一定是三倍左右嗎？一定是，如果你不相信，可以用蘋果和橘子或是其他球形的東西來進行驗證。既然地球是一個巨大的球體，它也是遵循這個規律。人們已經測量地球的周長是25000英里，用數學公式計算，就可以得出地球的直徑是8000英里。「直徑」，如果用你可以理解的語言來解釋，就是「穿過」，所以「地球的直徑是800英里」，意思就是：從地球這一端進去，從另一端穿出來，距離是8000英里。

地球的表面是一層像烤焦的馬鈴薯皮一樣的岩石，這圈岩石就像果醬三明治一樣分為很多層。只是，地球的各個層裡不是果醬，而是石頭、殼類、煤。如果有一把巨大無比的鋒利刀子可以把地球切成兩半，我們就會在岩石之間看到煤，或是金、銀、鑽石……人們在岩石層中挖礦井，就是要將岩石層中的這些礦產挖掘出來。

在岩石層下面，除了堅硬的石頭以外，什麼東西也沒有。越往下，石頭的溫度越高。在地球最中心的地方，溫度已經高到可以把岩石熔化。這裡熾熱的氣體和煙也會透過地球的煙囪——火山，跑到地面上。

地球為什麼是由岩石組成，而不是由銅、玻璃、陶瓷組成？地球的形狀為什麼像球，而不是像盒子？就留給大家慢慢思考吧！

莫氏不連續面的發現者
——安德里亞‧莫霍羅維奇

### 【歷險手稿】——地球的結構

如果將地球的結構進行細緻的劃分，由外到內可以將地球分為：地

殼、上地函、下地函、外核、內核。地殼的厚度不同，海洋處比較薄，大洲下比較厚。內核與地殼為實體，外核與地函為流體。不同的層由不連續的斷面分開，其中最有名的是地殼與上地函之間的「莫氏不連續面」。

　　地球的大部分物質集中在地函，剩下的大部分在地核，我們所居住的只是地球整體的小部分。

# 第一篇：歐洲

# 第 6 章：駛向英國

　　如果你要去歐洲，要帶著船票或機票還有護照，帶著行李到港口或機場。當然，還有一樣東西——錢。但是，如果你帶著美元到英國，什麼東西也買不到。因為英國人不使用美元，他們使用英鎊或歐元。要記住，如果你要去其他國家旅行，一定要帶著那裡的人們使用的錢。護照也不要忘記，否則你無法去任何地方。

　　如果一個生活在十九世紀的人聽說你要從紐約出發去倫敦，他一定會建議你多帶一些衣服或食物，做好各種準備。因為十九世紀的人們從紐約去倫敦要花費一個月的時間。現在我們去倫敦很快，坐船需要一個星期，如果坐飛機，不用一天就可以到達。

　　坐飛機只要一天，就可以從紐約到倫敦，確實很快。但是，還有一樣東西比飛機更快，而且比飛機更準時，從來不會延誤。你可以猜到是什麼嗎？它就是——太陽。太陽從倫敦到紐約只需要五個小時。

　　如果你有一位朋友在倫敦，早上10點的時候，你在紐約打電話給他，他一定會說：「現在是下午3點。」你們之中，誰的手錶有問題？你們的手錶都沒有問題，但是為什麼在倫敦的朋友會把上午10點說成下午3點？

　　當太陽在天空正中央的時候，就是正午。倫敦人把這個時候定為12點，紐約人也把這個時候定為12點。其實，全世界的人幾乎都是這樣做。但是我們知道，太陽從倫敦到紐約需要5個小時，倫敦人看到太陽在天空正中央，也就是中午12點，紐約人要在5個小時以後才會看到太陽在天空正中央，也就是說，紐約比倫敦晚5個小時。

所以，如果你想要坐船去倫敦，出發之前一定要記住把手錶調快5個小時，才可以保證你到達倫敦的時候看到的時間與當地的時間一致。同樣的道理，從倫敦回到紐約的時候，就要調慢5個小時。

現在你知道，為什麼早上10點的時候你打電話給倫敦的朋友，他會說現在是下午3點。

在行船的時候，為了確定時間，我們會經常看鐘，你有沒有仔細注意航海船隻上的鐘？它的外表看起來和我們家裡的鐘沒有區別，但是它敲鐘的方式卻和我們家裡的鐘完全不同。

我們家裡的鐘，1點敲一下，2點敲兩下，以此類推，最多敲12下，但是航海船隻上的鐘就像被施展魔法，半點敲1下，1點敲兩下，2點敲四下，以此類推，4點就會敲八下，但是當時間超過4點以後，又會重新從1下開始敲，4點半敲一下，5點敲兩下，5點半敲三下，以此類推，每四個小時重複一次，因此航海船隻上的鐘敲擊的次數永遠不會超過8次。

船隻在茫茫大海上航行，當船上的乘客都進入夢鄉的時候，船員們還沒有睡覺。因為船隻不分晝夜地在海上航行，所以船員必須一天二十四小時輪流值班。他們各自堅守在崗位上，負責不同的工作，船隻才可以順利航行。

海洋

如果你從紐　什麼東西每天都會跨越大西洋一次，每一次花費五小時？

約坐船到倫敦，在航海途中，除了無邊無際的大海，什麼也看不到。在這種情況下，你或許連東西南北都無法分辨，船隻又是如何確定方向？

這個時候，指南針就會發揮功效。指南針其實就是一個小小的指標，大多數的時候都被放在方向盤前的一個盒子裡。指南針的體積不大，而且無論船隻在海上如何搖晃，它都可以指著一個方向。船長就是依靠它的指向，才可以順利到達倫敦。當然，船隻不能朝著指針的方向一直走，因為指針所指的方向是北，如果順著指針一直走的結果不是去倫敦，而是去北極。

海面在大多數時候平靜無波，大西洋尤其如此。有時候，它看上去就像花園裡的池塘，因此人們經常將大西洋稱為「大池塘」。但是，如果海面上產生波浪，海浪就會像一隻大手，將船隻推得搖晃起來。有時候，船隻搖晃得太劇烈，有些乘客就會出現嘔吐甚至昏厥的現象。這些波浪總是一個連著一個，船隻剛迎來一次大浪，又要面對下一個。船隻好像就要被海浪掀翻，十分危險。但是，除非碰上冰山，或是和其他船隻相撞，否則無論海浪有多麼巨大，船隻都不會被捲翻。

雖然巨浪不至於讓船捲翻，可是大海給船隻的考驗不是只有巨浪。除了巨大的海浪，海面上還經常會有濃霧。如果濃霧出現，船長和水手就會看不見任何東西，就像一個人在伸手不見五指的夜晚走路，無法分辨方向。有時候在濃霧中，水手們連其他船隻行駛到眼前都不知道。在這種情況下，船隻很有可能發生碰撞。

為了避免事故發生，每當碰上濃霧時，船長就會要求船隻減慢速度，而且船上有一個喇叭，船長會在濃霧出現的時候，每分鐘按一次喇叭，提醒附近的船隻注意，直至濃霧散去。如果濃霧持續的時間比較長，船長還會指派一些船員，讓他們站在船舷上，隨時關注周圍的環境，以確保船隻可以安全通過濃霧。在從紐約去倫敦的這段海路中，經常會有濃霧出現，

這些濃霧會一路伴隨我們到英國。很多時候，濃霧還沒有完全散盡，英國的陸地就會出現在我們的眼前。

### 【歷險手稿】——航海帶路人：海鷗

在指南針出現以後，人們如何在一望無際的大海和濃霧中知道陸地的位置？依靠海鷗。海鷗是一種很有靈性的動物，每當有船隻靠近陸地時，它們就會成群地飛過來，因此很多時候，船員是透過海鷗的飛行來確定與陸地的距離。

# 第 7 章：盎格魯人之國在哪裡？

你們知道「英格蘭」的意思嗎？在英語中，「英格蘭」表示「盎格魯人的土地」。英國是一個島國，上面居住著盎格魯人，所以英格蘭原本被稱為「盎格魯人之國」。

英國在一個名叫「大不列顛」的島上。剛開始的時候，這個島上除了英格蘭之外，還有威爾斯和蘇格蘭兩個國家。大不列顛島的旁邊是另一個島——愛爾蘭。後來，英格蘭、威爾斯、蘇格蘭，聯合愛爾蘭島北邊的一部分，統一成為「大不列顛及北愛爾蘭聯合王國」，就是現在的英國。

英國是一個島國，擁有漫長的海岸線，但是到英國的船隻不能隨便在岸邊停靠。因為這裡有許多海岸的海水太淺，而且有些地方還有很多岩石或懸崖，如果船隻停靠在這裡，很容易擱淺甚至翻船。

哪裡才是停靠船隻的好地方？英國西部的利物浦或是南安普敦，都是很好的選擇。南安普敦，從名字上我們就可以看出，那裡在英國的南部地區。當然，瞭解英國地形的人可能會說，為什麼不能從英國東部的倫敦登陸？那裡也不錯，確實如此。從倫敦靠岸的船隻都必須經過泰晤士河，但是大型船隻在泰晤士河裡航行，最遠只能開到倫敦橋。

說到倫敦橋，我想起我的侄兒最喜歡的那首歌謠：《倫敦橋要塌了》。這首歌謠或許你們曾經聽過：

倫敦橋，要塌啦，

塌下來，塌下來。

倫敦橋要塌啦，

我美麗的淑女。


用鐵欄，築起來，

鐵欄杆，鐵欄杆。

用鐵欄杆築起來，

我美麗的淑女。


鐵欄杆，會彎折，

會彎折，會彎折，

鐵欄杆會彎折，

我美麗的淑女。


用銀和金，築起來，

銀和金，銀和金，

用銀和金築起來，

我美麗的淑女

 

    我想，之所以會出現這樣的歌謠，或許是因為倫敦橋曾經發生許多次坍塌，就像歌謠裡唱的那樣。倫敦橋每次坍塌之後，人們就會很快將它修復起來，並且不斷加固，因此現在的倫敦橋應該非常穩固，不會再輕易倒下。

    英國的首都是倫敦，這是一座歷史悠久的城市，它建立的時間比耶穌還要早。但是，當時的倫敦不僅面積很小，而且由於它的位置偏僻，所以知道它的人並不多。可是再看現在的倫敦，它已經是世界上最大的城市之

舊倫敦橋　　　　　　　新倫敦橋

倫敦大橋要垮下來了

一。現代倫敦的城市面積大，倫敦人出行經常選擇雙層巴士或是地鐵。

　　世界上的許多大城市都豎立非常密集的大樓，例如：紐約，那裡大樓林立，50層或100層的大樓到處都是，但是倫敦的房屋大多數不高。

　　作為國家的心臟，倫敦有一個英國政府討論問題和制定法律的地方。這個地方，就是英國的「國會大廈」，通常被稱為「議院」。英國是君主制國家，國王統治臣民，議院制定法律。我在美國的國會大廈附近住過很多年，在我的印象中，美國的國會大廈有一個巨大的圓頂。那個時候，我沒有看過其他國家的國會大廈，所以我理所當然地認為，所有國家的國會大廈都有一個巨大的圓頂，因此當我看到英國的國會大廈時，感到非常驚訝：那裡竟然沒有圓頂，不僅如此，上面還放著一個大鐘，這個大鐘就是聞名世界的「大笨鐘」。

　　很久以前，倫敦曾經發生一場幾乎毀滅整個城市的火災。火災之後，倫敦城裡一片廢墟。當時，有一個叫做克里斯多佛·雷恩的人，慷慨地拿出許多錢，幫助人們重建這座城市。在這次重建過程中，倫敦人建造許多宏偉的教堂和其他漂亮的建築，例如：那座有大圓頂的著名建築——聖保

大笨鐘正在報時

羅大教堂，就是那個時候建造的。因此，後來有很多人說，這場大火對倫敦來說，是福不是禍。遺憾的是，很多當時建成的美麗建築都在第二次世界大戰的炮火中化為灰燼。

倫敦的許多建築在經歷火災與戰爭之後都消失殆盡，但是有一座建築卻幸運地躲過這兩次災難，它就是——倫敦塔。現在，它依然矗立在倫敦泰晤士河北岸。

倫敦塔曾經是一座監獄，關押許多重要人物。這些犯人，甚至包括一些英格蘭王子或女王。現在，這裡已經成為一個博物館。倫敦塔裡收藏多年以前士兵穿的盔甲、砍頭用的墊頭木、馬匹和狗使用的鎧甲，以及國王皇冠上的珠寶……

如果你去倫敦塔參觀，絕對不要錯過一頂女王的皇冠。這頂皇冠上鑲嵌一顆巨大鑽石：科伊諾爾鑽石，意思為「光明之山」。據說，男性不能擁有這顆鑽石，如果某一位男性擁有它，厄運就會降臨在他身上，所以這顆鑽石一直被鑲嵌在女王皇冠上。

由於倫敦塔裡有無數奇珍異寶，所以經常

聖保羅大教堂有一個和華盛頓大廈一樣的巨大圓頂

有竊賊在覬覦這些珍寶。可是這些竊賊不會那麼容易得逞，因為倫敦塔不僅由訓練嚴格的皇家近衛軍儀仗士兵看守，倫敦塔門也會在竊賊進入的時候立刻關上，讓他們無路可逃。除了倫敦塔之外，倫敦還有一個收藏家的天堂，它就是全世界最大的博物館——大英博物館，這裡收藏來自世界各地的寶物。

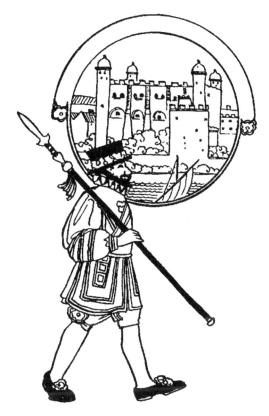

守衛倫敦塔的士兵，被稱為「吃牛肉的人」

如果你逛完倫敦的名勝古蹟，我建議你到倫敦的街道上閒晃。但是，你一定要隨身帶著地圖，否則非常有可能在數量眾多的倫敦街道中迷路。據說，如果把倫敦所有街道連接起來，可以沿著它們繞著地球走一圈。因此，有時候就連倫敦的警察，都無法記住倫敦所有的街道名稱。所以，當地人通常會隨身帶著地圖，以確定自己的位置。

你應該沒有足夠的時間可以把倫敦所有的街道走遍，但是我可以告訴你一些有名的街道，你可以去那裡看看，例如：針線街、切普賽德街、帕摩爾街、皮卡迪利街。此外，倫敦還有一些著名的購物街值得遊覽，例如：艦隊街、河濱大道、攝政街、龐德街。除了街道以外，牛津廣場和皮卡迪利廣場也是倫敦知名的地方。

英國對於糧食的需求量不大，可是即使如此，英國國內的糧食需求還

是無法由本國土地的產量來滿足，大部分糧食仍然依靠進口。在英國，人們吃得更多的是羊肉和烤牛肉，如果你聽過英國的歌曲和故事，就會經常聽到「古英國的烤牛肉」這樣的詞句。

### 【歷險手稿】——莎士比亞的故鄉

曾經有無數的名人在英國留下他們的足跡和故事，世界戲劇大師威廉·莎士比亞就是其中一個。在英國亞芬河畔的史特拉福小鎮上，有一幢古典的兩層木房，那裡曾經是莎士比亞的居所。莎士比亞在結婚以後，將房屋命名為「安·哈瑟薇的茅舍」。後來，人們為了紀念這位戲劇大師，在他房屋的右側建造「莎士比亞中心」，那裡也是圖書館和文件館。

索爾茲伯里大教堂

這是英國最可愛的教堂尖頂

# 第 8 章：連成一片的國家

「蘭韋爾普爾古因吉爾戈格里惠爾恩德羅布爾蘭蒂西利奧戈戈戈赫」，這個由28個字組成的詞語不是哪個頑皮小朋友的隨意塗鴉，它實際上是威爾斯的一個小鎮名字。這個名字的寓意和它本身一樣也很長，請深吸一口氣，然後跟著我念：「在白茫茫濃霧中的聖瑪麗教堂，附近有一個飛速盤旋的漩渦和一個聖泰西里奧教堂，教堂旁邊有一個紅色的山洞。」如果你要寫信到那裡，可以不必把小鎮的全名寫上，只要寫上「蘭韋爾普爾古因吉爾」就可以，但是這個簡稱還是很長。

現在，威爾斯、蘇格蘭、英格蘭、北愛爾蘭，一起組成「大不列顛及北愛爾蘭聯合王國」，也就是英國。但是在很久以前，這四個地方各自獨立。後來，英格蘭征服威爾斯。英格蘭國王為了讓威爾斯人服從自己的統治，就對威爾斯人說：「我會在你們之中，找出一位出生於威爾斯但是不

說英語的人來做統領。」威爾斯人很開心地接受這個條件，因為當時威爾斯人不說英語，而是說威爾斯語。但是，狡猾的英格蘭國王卻將自己的兒子立為威爾斯國王，因為他的兒子還是一個嬰兒，當然不會說英語，這個兒子正好又是在威爾斯出生。於是，這個孩子在父親去世以後，順利地成為威爾斯親王，將威爾斯併入英格蘭版圖。

在英格蘭的北面，是高爾夫球的發源地——蘇格蘭。在蘇格蘭流行一種很奇怪的樂器，當地人稱它為風笛。風笛由一個豬皮製的袋子以及一根管子和幾個喇叭組成。吹風笛的時候，人們要把袋子夾在手臂下，然後一邊透過管子向袋子裡吹氣，一邊用手臂擠壓袋子，讓袋子裡的空氣跑出來，以此促使上面的喇叭發聲，但是這個聲音聽起來有些像殺豬的時候豬的慘叫聲，非常奇怪。

在英國的西面，有一個島嶼與英國隔海相望。這個島叫做愛爾蘭島，愛爾蘭島分為兩個部分。在地圖上，我們可以看到一條分界線將它分為北面與南面。面積比較小的北面，與英格蘭、蘇格蘭、威爾斯共同組成英國，南面是獨立的國家——愛爾蘭。

愛爾蘭與馬鈴薯有密切關係：愛爾蘭的形狀在地圖上看

風笛吹出來的曲調，就像殺豬時的豬叫聲

起來類似馬鈴薯，愛爾蘭人非常喜歡吃馬鈴薯，愛爾蘭也盛產馬鈴薯。但是，你不要以為馬鈴薯的起源地是愛爾蘭。事實上，馬鈴薯最早只在南美洲種植，哥倫布發現美洲大陸以後，才將馬鈴薯種植技術帶到其他地方。

在愛爾蘭盛傳一個故事：很久以前，愛爾蘭北部有一個巨人，他建造一座可以從愛爾蘭直接通往蘇格蘭的魔法大橋，這座橋下有幾千根石柱支撐。現在，你可以在愛爾蘭的海邊看到這些石柱，它們從海岸邊一直延伸到海裡，這些石柱也被他們稱為「巨人堤道」。

在愛爾蘭，還有一個關於聖派翠克的傳說。當年，聖派翠克曾經幫助愛爾蘭人把邪惡的毒蛇趕出愛爾蘭，因此愛爾蘭人把聖派翠克當作守護神。如果你曾經注意英國國旗，就會知道它是由三個十字組成，這三個十字分別代表：英格蘭的聖喬治、蘇格蘭的聖安德魯、愛爾蘭的聖派翠克。

北愛爾蘭的首府貝爾法斯特，是亞麻的主要生產地。亞麻可以用來製作一種名叫「尼龍」的布料，因此貝爾法斯特擁有全世界最優質的尼龍。用亞麻製成的尼龍布，不僅牢固性比棉布好，質地也比棉布柔軟，但是也因此相對昂貴。在貝爾法斯特，尼龍手帕、尼龍餐布、尼龍桌布隨處可見，尤其是愛爾蘭的尼龍手帕非常有名。如果有人在出席正式場合的時候，帶著一條愛爾蘭的尼龍手帕，一定會讓很多人羨慕。

愛爾蘭島的南部，最初也屬於英國。後來，這片地區脫離英國統治，成為獨立的國家，就是現在的愛爾蘭共和國，它的首都是都柏林。你在都柏林可以聽到純正的英語，據說這些英語的純正程度，甚

英國國旗上面有三道十字

至比英格蘭人還要高。此外，愛爾蘭共和國的居民也說愛爾蘭語。愛爾蘭語是一種十分古老的語言，如果你對它有興趣，可以找一些愛爾蘭硬幣和郵票來觀賞，上面經常出現愛爾蘭語。

都柏林的南面，有一個名叫科克的城市。在科克的附近，有一座叫做布拉尼的廢棄城堡，這座城堡的牆上有一塊被叫做「巧言石」的石頭。據說，一個人只要親吻這塊石頭，就會立刻變得伶牙俐齒，很多人為了讓自己變得伶俐，都會來這裡親吻巧言石。因此，當愛爾蘭人形容某個人伶牙俐齒時，就會說：「啊，你一定親吻過巧言石。」

### 【歷險手稿】——對綠色情有獨鍾的愛爾蘭

愛爾蘭是一個綠意盎然的國家，雨水充沛，植物繁茂，因此經常被譽為「綠寶石島」。愛爾蘭人很喜歡綠色，在愛爾蘭國旗上也有綠色。除了綠色以外，愛爾蘭的國旗上還有白色和橙色。其中，白色是三葉草的顏色，三葉草是愛爾蘭的國花。

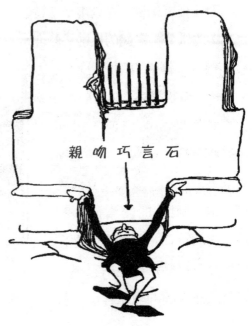

親吻巧言石

# 第 9 章：浪漫之都

大家知道國際上的法律條文都是用什麼語言書寫嗎？是英語，西班牙語，還是阿拉伯語？全部錯了，是法語。因為法語是一種用法非常嚴謹的語言，所以像法律條文這類重要而嚴謹的文件在國際上都是用法語書寫。

現在，英語已經成為全世界使用範圍最廣泛的語言。如果你會說英語，在世界上大多數國家都可以和別人交流，但是在很久以前，歐洲人對英語完全不感興趣。那個時候，法語才是最受歡迎的語言。當時，就連英國的貴族都以會說法語為榮。他們認為，說著流利的法語可以讓自己顯得更高貴。

法國的首都巴黎是法國最大的城市，這座城市是許多人心目中最美麗的城市。很多人只要看見美麗的城市，就會不由自主地說：「這裡很像巴黎啊！」但是卻很少有人說，巴黎像其他美麗的城市。這一點，就像人們總是說：「你長得像你爸爸或媽媽。」卻沒有人說：「你爸爸或媽媽長得像你。」

巴黎在塞納河上游，塞納河從巴黎城內穿過。認真看書的人一定記得，我們之前也說過一個有河流穿越而過的城市——倫敦。倫敦在泰晤士河上，船隻可以通過泰晤士河開進倫敦，但是巴黎的塞納河卻不同。這條河的河道狹窄與河水低淺，大型船隻無法通過曲折的塞納河抵達巴黎。

塞納河的一個小島上有一座著名的教堂，就是為紀念聖母瑪利亞而修建的巴黎聖母院。在巴黎聖母院的前面，有一座像「直指天堂的手指」那樣的塔尖。教堂的後面有許多被稱為扶壁的石柱，它們就像巨大的臂膀支

撐這座教堂。在教堂的屋頂上，環繞很多奇怪的石製動物。這些動物體型龐大，而且長相怪異。這些石頭也被稱為「怪獸飾」，人們相信這些怪獸飾可以把邪惡的靈魂趕走。

　　人們為聖母瑪利亞建造巴黎聖母院，還為另一個「瑪利亞」建造一座教堂，它就是巴黎的馬德萊娜教堂。雖然馬德萊娜教堂比巴黎聖母院年輕，但是只從建築風格上看，馬德萊娜教堂比巴黎聖母院古老，就像在耶穌誕生之前，它已經豎立在那裡。馬德萊娜教堂的周圍，除了石柱以外，什麼東西都沒有，甚至連窗戶也沒有。

　　法國曾經是君主制國家，昔日的王室宮殿現在依然豎立在塞納河畔，但是現在的法國和美國一樣，實行共和制。華麗的宮殿裡不再有國王，而是被改造成博物館、藝術館、圖書館，其中最著名的博物館是收藏很多著名畫作和雕塑的羅浮宮。

　　現在有兩件東西讓你選擇，一件是一張名人的照片，拍得十分逼真；

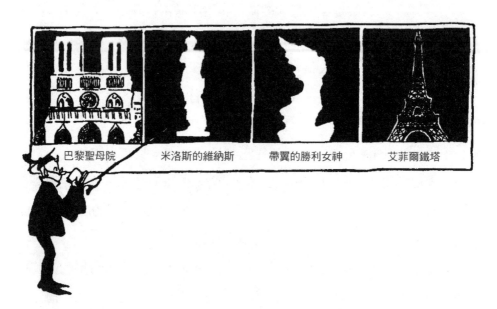

| 巴黎聖母院 | 米洛斯的維納斯 | 帶翼的勝利女神 | 艾菲爾鐵塔 |

這些都是巴黎的名勝

另一件是一幅油畫，上面的人物並不出名，而且畫得也不逼真。你覺得哪一件的價值更高？答案是油畫。因為照片拍得再好，未必可以賣出好價錢，但是一幅完美畫作有可能價值連城。羅浮宮裡就有這樣一幅油畫，畫上有一位露出笑容的美麗女人，這幅油畫就是達文西的代表作《蒙娜麗莎》。曾經有人偷走這幅油畫，但是因為這幅油畫太有名，很多人知道它，所以竊賊無法將它出售。不久之後，這幅油畫就在另一個國家被發現，並且很快被送回羅浮宮。

塞納河畔矗立眾多知名建築，最顯眼的就是艾菲爾鐵塔。艾菲爾鐵塔的高度有1000多英尺，在世界上找不到任何一座塔比艾菲爾鐵塔高。遠遠望去，艾菲爾鐵塔就像一個頂天立地的巨人，高大威武。支撐艾菲爾鐵塔的四根鐵柱，就像巨人長出四條大腿一樣。

法國是藝術之都，同時也是美食天堂。英國人曾經無比羨慕法國人，因為在法國廚師的手中，最普通的食材都可以變成美味的佳餚。就連取菜名，法國人也很講究，例如：在美國被稱為「湯」的東西，在法國被稱為「濃湯」或「肉湯」。同樣的東西，就是因為有一個好聽的名字，讓人們更有品嘗的欲望。同時，法國人也是出名的愛酒。他們喝酒，就像我們喝牛奶和咖啡一樣普遍。法國人特別喜歡葡萄酒。在

最有名的法國廚師是男人

那裡，有許多著名的葡萄酒莊園，流溢世界上最好的葡萄酒。

除了美食，法國人的服裝也很出名。蘇格蘭人偏愛尼龍，英格蘭人喜歡用羊毛製作衣服，但是法國人最喜歡用絲綢做布料。尼龍、棉花、羊毛做的布料比較

凱旋門下面是法國無名烈士墓

實用，但是絲綢做的布料比較漂亮。

法國女性也很喜歡香水，製造法國香水的原料非常豐富，無論是漂亮的鮮花，還是不起眼的野草，都可以成為法國香水的原料。法國香水取材雖然普通，但是這些材料的用量很大，生產幾瓶香水就要用上許多鮮花，再加上法國人精湛的香水製作技術，法國香水的價格就像香水界裡的艾菲爾鐵塔。

## 【歷險手稿】——世界上最美麗的街道

去法國旅遊，塞納河是一定要去的地方。但是，如果你錯過香榭麗舍大道，就等於沒有去過巴黎。香榭麗舍的意思是：「天堂之地」。香榭麗

舍大道被譽為世界上最美麗的大道。

　　這條大道上，綠意盎然，景色迷人。大道的一端有著名的廣場——協和廣場。協和廣場的中間，豎立「克麗奧佩脫拉方尖碑」，它是由一塊完整的石頭製成。在大道的另一端，有一扇巨大的拱門，就像一個忠誠的侍衛在守護大道，阻止一切交通工具進入。這座宏偉的拱門，就是「凱旋門」，又稱為「勝利之門」。凱旋門的下方，就是「法國無名戰士」的墓地。墓地上隨時燃燒一團火焰，以紀念在世界大戰中犧牲的法國士兵們。

女孩們到巴黎購買時裝

# 第 10 章：兩個低窪的國家

在法國北部有一個國家，它有很多大鐘。在這個國家裡，無論是教堂或市政廳，還是其他建築的塔樓上，都會有大鐘。這些鐘不僅可以準確報時，還可以演奏美妙音樂供人欣賞。有些大鐘還包括五六十個大小和聲音都不同的小鐘，鐘的體積越大，發出的音調越低。

每當鳴鐘者敲擊鍵盤時，與鍵盤相連的鐘錘就會震動。鐘錘敲擊鐘面，發出不同的聲音。當這些天籟奏響時，這裡的人們就會停止喧譁，汽車也會停止鳴笛，人們都在安靜地享受這個美妙時刻。

這個擁有許多大鐘的國家，就是比利時。

提到比利時，人們除了想到大鐘以外，還會想到另一件事情：戰場。比利時是歐洲的主要戰場，但是个要以為比利時人喜歡打仗。在比利時發生的戰爭，大部分都是歐洲其他國家之間的戰爭，比利時人很少自己開戰。兩次世界大戰期間，比利時是德國和法國交戰的主戰場。這段期間，比利時很多建築毀於戰火中，國家遭受嚴重損失。

在比利時舉行的最有名的一次戰役，就是法國國王拿破崙與英國將軍威靈頓之間的「滑鐵盧戰役」。法國國王拿破崙在比利時的滑鐵盧被威靈頓將軍打敗，此後人們經常用「慘遭滑鐵盧」來形容戰爭或比賽失敗。

你聽過布魯塞爾花邊、布魯塞爾地毯、布魯塞爾湯菜嗎？布魯塞爾是一個城市，它是比利時的首都。在比利時，還有一個城市也是以「布魯」開頭——布魯日。布魯日是一個水城，河流眾多，交通便利，人們出行都會選擇乘船。

比利時有兩個鄰居——法國和荷蘭。比利時靠近法國的領土有許多高山，因此地勢比較高，靠近荷蘭的領土地勢比較低。

荷蘭一詞，有「低地」的意思。在荷蘭，海平面在許多地方都比地面高。這樣一來，荷蘭看起來就像是陷進巨大水坑中。

這樣的情況，給荷蘭人造成很大的麻煩。為了防止海水流進城市，荷蘭人建造高大堅固的圍海堤壩，同時還在堤壩裡建造許多磨坊來放水。這些磨坊的上面，都有一個巨大的風車，每當風車轉動時，就會把水排放出去。除了建造磨坊以外，加固堤壩也是荷蘭人以及靠近荷蘭的比利時人的傳統工作。荷蘭設有專門的堤壩監督官來隨時修補堤壩，以防止巨大的海浪沖垮堤壩。

大約七百年以前，地球上曾經發生一次特大風暴。北海湧來的洶湧海水，就像一隻凶猛的野獸，撕開荷蘭的堤壩。很多人在這次風暴中失去生命，這片陸地變成一片大海，這片再生的水域就是南海。在那裡，魚群往來，帆船穿梭。現在，荷蘭人準備在南海重建堤壩，希望可以將這裡的水抽乾，也許未來的某一天，這裡的人們再也看不到魚群和帆船。

如果你在地圖上把荷蘭所有城市的名字都找出來，會發現在荷蘭的城市名字中，「丹」是出現最頻繁的字。在這些帶有「丹」字的城市名字中，最著名的是阿姆斯特丹。阿姆斯特丹是鑽石之城，

有巨大扇葉的風車用來抽掉倒灌進來的海水

但是這裡的鑽石都是來自非洲。鑽石是世界上最堅硬的東西，我敢保證，你在世界上再也找不到任何一件東西可以切開鑽石。

鑽石是從一種看似普通的礦石提煉出來。這些礦石的長相很平凡，你剛開始看到它的時候，一定想不到這些普通的石頭裡竟然藏著亮晶晶的鑽石。阿姆斯特丹的工廠會對這些長相平凡的石頭進行加工，工人們用鑽石做的工具打磨鑽石。除了鑽石工具以外，沒有其他的東西可以切開這些堅硬的寶石。經過工人們的切割打磨，璀璨奪目的鑽石就誕生了。

荷蘭外面有大海，在荷蘭裡面有數量龐大的運河，這些運河就像是用水鋪成的街道。夏天，船隻在運河上穿梭，將貨物運送到荷蘭各個角落。冬天，運河上就有這樣有趣的景象：孩子滑冰去上課，成年人滑冰去上班！

在你的家鄉，人們通常用什麼交通工具來運送貨物，或是人們通常乘坐什麼交通工具外出？在荷蘭，人們用狗或自行車來運送貨物。荷蘭人用狗和自行車來運送貨物，是一種很聰明的做法。因為狗吃得比馬少，又不用專門的馬廄來休息，自行車不耗費原料，而且可以隨處停放，所以狗和自行車是荷蘭人日常生活的好幫手。

荷蘭的狗基本上都經過訓練，可以像馬一樣承擔負重，但是如果一隻正在運送牛奶的狗看到貓，那就糟糕了。因為這隻狗一定會丟下牛奶，與貓大戰一場，牛奶也會流得滿地都是。

在荷蘭，你會看到很多長著黑白相間斑紋的乳牛，這種乳牛可以生產大量的牛奶。荷蘭人除了喝牛奶以外，還會用牛奶做乳酪。荷蘭的乳酪非常出名，不僅味道鮮美，而且儲存時間長。荷蘭人特別注重衛生，總是不厭其煩地把屋裡屋外都清掃一遍。在這裡，甚至連乳牛棚都一塵不染。

荷蘭氣候濕潤，適合居住，荷蘭人穿著隨意，很多當地人喜歡穿木質的鞋子走路。荷蘭的一些鄉村男性，喜歡穿一種寬大的褲子，就像枕套一

在荷蘭，人們用狗來拉車

樣大，女性穿著寬大的短裙，戴著白色的帽子。那裡的生活看起來，簡單
而閒適。

## 【歷險手稿】——美食王國

比利時是僅次於法國的美食王國。比利時的各類美食中，海鮮類最著
名。比利時人烹製海鮮的方法非常特別，例如：他們會用白酒蒸海貝。最
受比利時人喜愛的是一種黑殼的海貝——淡菜，比利時人通常用薯條搭配
淡菜食用。

喜歡吃甜品的人，一定會在比利時走不動，比利時人可以做出400多
種巧克力蛋糕。比利時人在喝啤酒的時候，喜歡加一塊乾酪，比利時乾酪
有85種之多，是當之無愧的美食王國。

# 第 11 章：鬥牛士的家鄉

你有沒有發現歐洲地圖很奇怪？它就像一個「謎圖」。當你把它轉過來看，它像一個又矮又小的老婦人，頭很大，駝著背。這個瘦弱的老婦人竟然會伸出她的長腿，試圖將一個足球踢到大海中。在地圖上，老婦人的頭就是西班牙，她戴著的帽子就是葡萄牙，庇里牛斯山就是她的衣領，法國就是衣領下面的部分。從地圖上看，西班牙就像在和非洲碰鼻子，這個「鼻子」就是直布羅陀。

西班牙不僅在地圖上像歐洲的頭部，歷史上的西班牙也曾經是歐洲的「頭」。有一段時間，西班牙的版圖很大。在哥倫布發現美洲大陸以後，北美洲的許多土地都被西班牙佔領，南美洲除了巴西之外，也都是西班牙的殖民地。西班牙變得非常強大，成為全世界的領袖。但是，現在西班牙不再像當年那樣有實力。

鬥牛是最具有西班牙特色的節目。西班牙人鬥牛的季節，在每年的3月至10月。在鬥牛季，每逢星期四和星期日都會舉行兩場鬥牛比賽。特別是週末的比賽，露天的鬥牛場會被熱情的觀眾擠滿。

鬥牛場裡有一圈柵欄，柵欄裡面是一塊沙地，觀眾們坐在柵欄外面的座位。鬥牛開始了，一頭健壯的公牛穿過場地邊上的一扇門衝進場地。一名鬥牛士手中拿著紅色斗篷，不斷地在公牛面前揮舞。為什麼要用紅色的斗篷？因為公牛對紅色特別敏感。牠似乎非常不喜歡這種顏色，所以紅色會在瞬間激怒公牛，這就是鬥牛士的目的。

憤怒的公牛低下頭，向紅色斗篷猛衝過去。在牛角即將頂到鬥牛士的

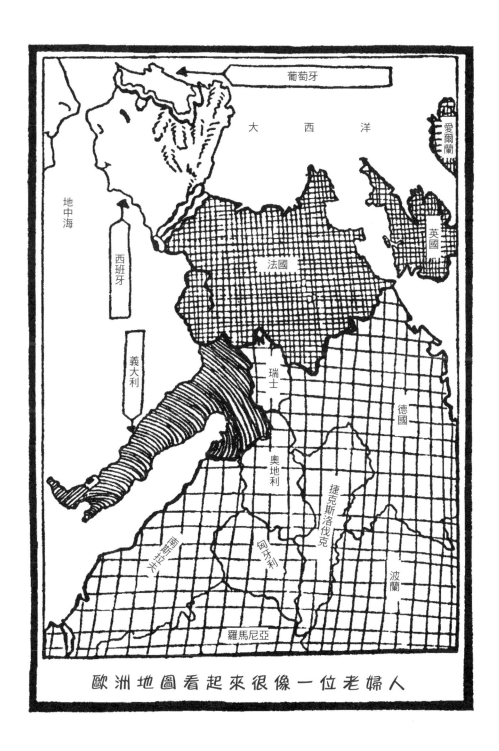

欧洲地圖看起來很像一位老婦人

時候，鬥牛士敏捷地轉身，躲過公牛的攻擊，但是怒氣沖天的公牛身體太龐大，不可能那麼快轉身，只能眼睜睜地看著鬥牛士跳開。

鬥牛士用一塊紅斗篷戲弄公牛

逃過一劫的鬥牛士，並不會輕易結束他的冒險。他會一遍又一遍地耍逗公牛，就像貓戲弄老鼠一樣。最後，當鬥牛士認為時機成熟時，就會舉起長劍朝向公牛刺去，直到把公牛刺死為止。

你是不是也覺得這種遊戲太殘忍？但是，如果你對西班牙人說，鬥牛是一件殘忍的事情，他們會認為你是一個奇怪的人。這個時候，他們會跟你解釋：「我們平時就喜歡吃牛肉，殺牛不會給人們帶來笑聲，但是這種鬥牛場面卻可以讓人們開懷大笑。」

在西班牙，幾乎每個城鎮都有鬥牛場，鬥牛是受到西班牙人喜愛的全民運動。就連小孩子也喜歡玩鬥牛遊戲，他們經常是由一個人扮成牛，另一個人扮成鬥牛士。鬥牛士是非常勇敢的人，但是只有勇氣還不夠，還要具備高超的鬥牛技術，而且必須非常謹慎，如果不小心在沙地上滑倒，就有可能犧牲在公牛的牛角下。遺憾的是，這種悲劇經常發生。

在西班牙境內，就算你坐一天的火車，窗外的樹木種類也不會改變，因為西班牙到處都是橄欖樹。在古代運動場上，比賽獲勝的運動員都會戴上用橄欖枝做成的花環。在戰亂年代，傳遞和平訊息的信使會隨身攜帶一枝橄欖枝。於是，橄欖枝就有更深層的象徵意義——和平。

橄欖樹的樹齡很長，據說這種樹可以活一千年。橄欖樹的果實就是橄

欖，它們長得很像綠色的櫻桃。橄欖有很多用途，例如：可以用來榨取橄欖油，食用沙拉的時候，橄欖油會使沙拉的味道更鮮美。橄欖油被譽為最佳食用油，在西班牙，人們不吃奶油，只吃橄欖油。此外，用橄欖製造的卡斯提亞肥皂非常有名。橄欖樹是西班牙最重要的經濟作物之一。西班牙人離不開橄欖，就像美國人離不開麵包、奶油、蔬菜、肉類。除了自己使用，西班牙人還將大量的橄欖出口國外。

西班牙女孩不喜歡跳繩，而是喜歡用響板跳舞

每個國家都有一些代表國家特點的美麗城市，例如：法國的巴黎、美國的紐約。西班牙最美麗而且具有西班牙特點的城市，就是首都馬德里。馬德里在西班牙的中心地帶。歷史上的舊馬德里，完全沒有首都的氣派，它的街道狹窄，街道旁邊的房屋十分低矮，新馬德里卻有寬闊的林蔭大道和宏偉壯觀的建築。來到新馬德里，你會覺得自己好像在巴黎或紐約，只有路人說的西班牙語才會讓你察覺到這裡是西班牙。

以前的西班牙人有一句口頭禪：「明天的，明天的。」現在的西班牙人很少說這樣的話，他們會盡最大的努力在當天完成當天的事情。對西班牙人而言，「美洲」就是指「南美洲」。因此，如果你在西班牙對人說：「我是一個美洲人。」他很可能以為你來自南美洲。

## 【歷險手稿】——西班牙的樹

西班牙種植很多古怪的樹，這種樹與美國的樹完全不同，其中有一種樹叫做塞子木，這些塞子木就是我們平常使用的瓶塞的原料。人們會從塞子木上砍下大片樹皮，做成形狀不一的瓶塞。被砍的塞子木還會長出新的樹皮，這些新的樹皮通常需要九年的時間才可以再用來做瓶塞。塞子木的樹齡很長，人類的壽命比不上塞子木。

# 第 12 章：獨佔高處的瑞士

荷蘭的地面，就像足球運動場一樣平坦，整個國家找不到一個山坡。瑞士卻與荷蘭相反，它擁有巍峨的山脈。與歐洲所有國家相比，瑞士是最「高」的國家。瑞士境內的阿爾卑斯山，是歐洲海拔最高的山脈。阿爾卑斯山的山頂，一年四季覆蓋冰雪，就像戴著一頂白色絨帽一樣。

瑞士山脈的景色非常迷人。有時候，山頂有皚皚白雪，但是山谷卻生長茂盛草木。牧童趕著牛群在田地裡玩耍，牛群愉快地吃著美味多汁的綠草，人們在很遠的地方就可以聽到牛群脖子上的鈴鐺清脆的響聲。山頂上的積雪融化的時候，清涼的雪水會順著山坡流下來，形成美麗的瀑布，或是流淌成涼涼小溪。

你也許看過自己家屋頂上厚重的積雪全部滑下來掉在地上的情景。如果山頂的積雪也是這樣，這種現象就叫做雪崩。試想一下，在一英里長的山坡上，積雪突然全部滑到山谷裡，那種猛烈的場面有多麼恐怖。可怕的雪崩在瑞士經常發生，一些嚴重的雪崩會把山谷中的居民和房屋全部摧毀，把整個村落埋在冰雪下。

在一些又長又寬的山谷裡，也經常積雪。這些山谷中的巨大冰塊，就叫做冰川。我們所知道的大部分河流都發源於高山上的泉水，但是瑞士的河流卻不是這樣，它們大部分發源於一條名叫「隆河」的河流。

瑞士境內有許多冰川，其中最大的一條冰川是隆河冰川。「隆河冰川」和「隆河」，從這兩個名字上看，它們之間一定有某種關係。確實如此，隆河冰川底部的冰融化成水，形成潺潺的小溪。小溪在流淌的過程

中，隨著冰水的不斷注入，會變得越來越寬闊，水量越來越大，到達山谷的時候，又會有其他溪流注入其中，然後形成一條大河——隆河。最後，隆河會流入寬廣的山谷，匯成瑞士最大的湖泊——日內瓦湖。

從日內瓦湖流出之後，隆河會繼續向前奔馳。當它經過法國的里昂時，會灌溉里昂的桑田。在經過一片養蠶農場和絲綢廠以後，隆河就會到達它的終點站——地中海。

瑞士還有一條河，也是誕生於冰川融化的泉水中，那就是著名的萊茵河。阿爾卑斯山的冰川泉水，是萊茵河的河水之源。萊茵河從阿爾卑斯山流出，一直向北流去，途經法國、德國、荷蘭，最後流入北海。

如果有一個人對你說，瑞士的海軍十分強大，他一定是在對你說謊。因為瑞士是一個高山內陸國家，所以瑞士的軍隊只有陸軍和空軍，根本沒有海軍。瑞士除了有軍隊保衛國家安全以外，高大的山脈也是這個國家的忠誠衛士，它們也可以抵擋敵人的進攻。

如果你仔細觀察瑞士在地圖上的位置就會發現，瑞士在法國、德國、義大利之間的交接點上。瑞士人說三種語言，靠近義大利的人說義大利語，靠近德國的人說德語，靠近法國的人說法語。所以，瑞士

瑞士人訓練聖伯納犬進行雪地救護

人沒有自己的語言。很多瑞士人可以與法國人、德國人、義大利人順暢地溝通。

瑞士也有地勢比較低的地方，這些地方在高山之間，這些地勢比較低的地方叫做山口。你有沒有聽過「辛普朗山口」？當年，法國將軍拿破崙率領軍隊挺進義大利的時候，就是從辛普朗山口經過。

　　雖然瑞士的高山很多，但是瑞士的交通似乎不會受到這些高大的山脈影響。人們在瑞士旅行的時候，大多數時候不必翻越高山。即使需要翻越山嶺也不必擔心，因為瑞士很多地方都有隧道。通過隧道，就可以很方便地從山的這一頭穿到另一頭。

　　瑞士有一條隧道叫做「聖哥達隧道」。在挖隧道的時候，工人們從山的兩邊同時開始向中間挖，最後兩邊的工人在中間會合，整條隧道就打通了。這種方法聽起來似乎很簡單，我只用一句話就把它介紹完畢，但是這種方法實施起來並不像我們想像的那麼簡單。因為這條隧道很長，從兩邊開始挖，最後可以在中間會合，是一件相當不容易的事情。

　　在我們之前提到的辛普朗山口下還有一條隧道，這條隧道曾經是全世界最長的隧道。如果你從瑞士進入這條隧道，等到你從另一端出來，就會發現已經到義大利。我曾經兩次經過這個山口，一次是坐火車穿越，一次是徒步穿越。我坐火車穿越的時候只花費16分鐘，但是當我徒步穿越時，卻花費兩天時間。

　　除了高山以外，瑞士還有許多美麗的湖泊。這些湖泊之中，最漂亮的就是琉森湖，它被稱為「光明之湖」。琉森湖邊有一座教堂，相傳就是在這座教堂裡，威廉‧泰爾（瑞士的神箭手，幫助瑞士脫離奧地利的統治）從他兒子的頭頂射下蘋果。


## 【歷險手稿】——旅行者的天堂

　　瑞士雖然不是一個體育強國，但是瑞士人的體育程度很高，平均每個

人都會3～5種體育運動。

　　由於地處阿爾卑斯山腳下，地形的優勢給瑞士人良好的運動條件，所以瑞士人酷愛滑雪等冬季運動。每年夏天，瑞士都會迎來許多登山者來這裡比賽和運動。

　　瑞士的「馬特洪峰」，號稱是瑞士最難攀登的山峰。這座山峰的形狀看上去，就像一個非常巨大的牛角。它十分陡峭，很多探險家和登山者都在這裡失足，失去生命。

人們冒著生命危險登上馬特洪峰

# 第 13 章：裝滿水的「靴子」

有位老婦人，

住在鞋子中，

孩子一大群，

不知怎麼辦，

只能喊頭痛。

　　這是流傳在歐洲的有名諺語。在歐洲，確實有一個住著很多大人和小孩的「靴子」。在地圖上，你可以清楚地看到這個「靴子」——義大利。這個靴子裡的人，就像諺語說的一樣——「一大群」。那裡的人實在多得擠不下，所以有許多義大利人移民到美洲大陸。

　　最早到美洲大陸的人是哥倫布。哥倫布不是從西班牙去美洲嗎？他為什麼會變成義大利人？我並沒有說錯，雖然哥倫布是在西班牙王室的支持下到達美洲，但是哥倫布確實是義大利人。他的故鄉是一個名叫熱那亞的義大利城市，你可以在「靴子」頂端找到這座城市。現在，熱那亞政府出資修繕哥倫布故居，他的雕像也屹立在熱那亞的火車站外面。

　　在這個「靴子」頂部，還有一個水上城市。但是，這座城市不在水邊，而是建造在水裡，它就是——威尼斯，威尼斯到處都是水。那裡的河流就像我們的街道，人們在水面上搭建許多橋樑。威尼斯人出行的交通工具不是汽車或馬車，而是船。那裡的船都被黑色油漆刷成黑色。船中間有一個封閉的像汽車一樣的船艙，船頭上還豎著一個像梳子一樣的奇怪東

西，這就是威尼斯特有的鳳尾船。

鳳尾船的船夫在撐船的時候，會站在鳳尾船船艙的後面，搖著一支船槳。小船緩緩前進，來到運河的十字路口處，船夫就會大喊一聲，如果其他方向上也有鳳尾船到來，其他的船夫也會立即回應一聲，這種聲音聽起來很有趣。因為河流的十字路口處沒有紅綠燈，這樣的喊聲是為了船隻經過十字路口的時候不會撞在一起。

鳳尾船上沒有喇叭，也沒有發動機，它不像汽車一樣會發出令人討厭的噪音，所以在威尼斯，你會享受靜謐安然的生活。

因為一直在水上生活，所以威尼斯人都是出色的水手。地中海的每個角落，都可以看到威尼斯人勇敢的身影。威尼斯人經常用魚和鹽去換其他國家的衣袍、羊毛毯子、珠寶首飾，威尼斯逐漸成為歐洲最大的商品交易市場和購物聖地，歐洲其他地方的人們都會到威尼斯購買自己需要的商品。

在這種貿易中，威尼斯人賺到許多錢，他們用賺來的錢在運河邊上建造很多富麗堂皇的宮殿。在威尼斯，人們相信自己的好運由一位名叫聖馬可的聖人帶來。為了紀念這位聖人，威尼斯人建造很多壯麗輝煌的教堂，聖馬可的遺骨就埋在其中一座教堂的聖壇下。聖馬可教堂的外觀很特別，它有五個圓頂，中間有一個大圓頂，周圍有一個比較小的圓頂。這些圓頂的形狀就像洋蔥頭，非常有趣。

在聖馬可教堂中，你會看到許多色彩鮮豔的畫作。無論是教堂裡面還是外面，那些色彩鮮豔的畫作都不是用顏料畫成，而是用彩色石頭、黃金、彩色玻璃雕琢壘砌而成。這樣的畫作有自己獨特的名稱——馬賽克——它不會像顏料畫那樣褪色，或是從牆上脫落。

在聖馬可教堂，你還可以看到一個奇怪的現象——獅子變成寵物。你看，在教堂前面的圓柱上，就有一頭長翅膀的獅子塑像。這裡還有四匹青

銅製的馬，在教堂大門上方。後來，由於這裡的統治者不停地更換，所以這四匹馬也回到威尼斯。

雖然現在的威尼斯是義大利的一個城市，但是在歷史上，它曾經是一個獨立的國家。當時，威尼斯的統治者叫做總督，總督住在宮殿中。在總督的宮殿與河對面的監獄之間有一座橋，罪犯要走過這座橋進入監獄。因為罪犯在走過這座橋的時候會不停地嘆息，所以這座橋又被稱為「嘆息橋」。

威尼斯是歐洲的購物中心，在「大運河」上有一座橋叫做「里阿爾托橋」，橋的兩邊有很多商店，所以里阿爾托橋就是購物中心的中心，在這裡可以買到各種各樣的商品。莎士比亞的劇作《威尼斯商人》中，就有一個人在里阿爾托橋上開店。

威尼斯人之前透過販賣魚和鹽變得富裕，但是還有一件東西比鹽和魚更普通，也讓威尼斯人賺到很多錢，這種東西就是沙子。

在我們看來，沙子並不是什麼值錢的東西，但是在威尼斯人眼中卻不是這樣。威尼斯人發現，沙子在熔爐中熔化以後可以製作玻璃。熔化的玻璃可以做成各種各樣的玻璃製品，例如：花瓶、珠子、酒杯。

威尼斯的貢多拉

聖馬可大教堂前面的帶翼獅子

嘆息橋

在威尼斯，你可以看到玻璃工匠們就像吹泡泡一樣，將玻璃吹製成各種各樣的藝術品。來自世界各地的人們十分喜愛這些玻璃製品，雖然這些玻璃製品的價格很貴，但是仍然有許多人願意購買，工匠們也因此獲得大量財富。

在威尼斯，玻璃吹製工匠的地位很高，他們與畫家和音樂家一樣，被視為藝術家。當時，有一位玻璃吹製工匠成為威尼斯總督。有時候，玻璃吹製工匠的女兒還可以嫁給王子。

威尼斯的聖馬可教堂

為了紀念聖馬可，人們修建這座教堂。
因為他們相信，是聖馬可給他們帶來好運

世界各地的人們都喜歡去威尼斯旅遊，這裡似乎是所有情侶的最佳度蜜月聖地。情侶們來到這裡，會去參觀聖馬可教堂和總督宮殿，在麗都海灘上享受日光的撫摸，搭乘鳳尾船在運河上遨遊，在柔和的夜裡聆聽美妙的歌聲和音樂。

## 【歷險手稿】——拯救一個國家的鴿子

聖馬可教堂前面的廣場上，有許多成群的鴿子。牠們不懼怕人類，有

時候還會停在你的手上或肩膀上，等待好吃的食物。

相傳在很久以前，威尼斯陷於戰亂之中，幸好一隻鴿子送來戰爭情報，才使得威尼斯人可以及時準備，抵禦襲擊，倖免於危難。從此以後，鴿子就受到威尼斯人的善待和保護，如果有人傷害鴿子，他可能會被拘捕，甚至還會被判刑。

在義大利流行這樣一句話：一隻鴿子發現美洲大陸。這是事實。因為在義大利語中，「哥倫布」就是鴿子的意思。

在聖馬可廣場上，成群的鴿子會停在你手上，
等待你餵東西

# 第 14 章：「含苞待放」的城市

　　佛羅倫斯原本是一個女孩的名字，在義大利語中，寓意為「含苞待放」。當火車沿著佛羅倫斯的車軌曲折前進的時候，會經過佛羅倫斯城市中央。在那裡，有一個巨大無比的圓形屋頂。對於美國小朋友來說，這個巨大的屋頂看起來很眼熟，因為華盛頓國會大廈的圓頂就是依照它的模樣建造的。這個巨大的圓形屋頂，就是佛羅倫斯大教堂的屋頂。

　　如果你曾經去過有圓頂的房屋裡，你一定會發現，圓頂沒有任何支柱支撐，但是上面的石塊卻穩固地待著，不會掉下來。原來，人們在修建圓頂的時候，都會先用木材搭建圓頂模型，然後再將石塊沿著木模型用水泥堆疊起來。當所有的石塊都站好自己位置的時候，人們再把木模型拆掉。這樣一來，石塊就會牢固地黏在一起，形成一個圓頂。

　　當初，人們決定修建佛羅倫斯大教堂圓頂的時候遇到一個難題。這個圓頂實在太大，如果要搭建木模型，人們要砍掉一座森林的樹木才可以湊齊所需要的木材，因此當時有人提出另一個方案：先在地上堆起一座高大的土山，並且在土山裡埋藏許多錢幣，然後在土山上建造圓頂。等到圓頂建成以後，就把土山裡埋藏的錢幣送給人們。這樣一來，很多人就會為了得到錢幣而去挖土，等到所有的錢幣都被挖出來的時候，土山也會消失，只剩下圓頂。這個想法雖然很有趣，但是沒有人敢去嘗試。

　　建造佛羅倫斯大教堂圓頂的工作，最後落到一位名叫布魯內萊斯基的藝術家身上，我們稱他為「布先生」。布先生有一位助手名叫吉貝爾蒂，簡稱「吉先生」。其實，吉先生也想要為佛羅倫斯大教堂建造圓頂，但是

他最後只能給布先生當助手，所以吉先生認為布先生搶走他的工作。於是，心中不服的吉先生到處說布先生的壞話。

吉先生總是對別人說：「布先生根本沒有辦法建造圓頂，他一定會失敗。」

吉先生的冷言冷語，布先生剛開始的時候並不理會，他專心地與工人一起進行工作。逐漸地，圓頂建造工作接近尾聲，只要將圓頂的中間合起來，所有工程就結束了，這個步驟也是最困難的步驟。但是，作為助手的吉先生，不僅沒有幫助布先生，還在背後說布先生的壞話，嘲笑他是一個笨蛋。

布先生再也無法忍受吉先生，於是假裝自己生病，待在家裡休息。這樣一來，所有建築工程只能暫停。只要布先生一日不來，工程就無法進行。這個時候，吉先生又開始說風涼話：「布先生根本沒有生病，他不知道應該如何繼續建造圓頂，就想出這個辦法。就像那些不想上學的孩子假裝生病一樣。」

聽到這番話，人們立刻去布先生家裡，請求布先生建造圓頂。但是布先生說：「吉先生不是說自己有辦法建造圓頂嗎？你們為什麼不去請他幫忙？我的身體實在很虛弱，沒有辦法繼續工作。」

於是，人們只好去請吉先生繼續建造圓頂。吉先生當然很開心，興高采烈地接受委託。然而，吉先生接手以後，發現自己根本無法完成建造工程。人們沒有辦法，只好又去布先生家裡，懇求布先生建造圓頂。布先生趁機提出自己的條件：「我當然可以建造圓頂，但是我有一個條件，那就是：請吉先生不要再說我的壞話。」

人們答應布先生。於是，吉先生在人們的監視下，不再說布先生的壞話，布先生繼續進行圓頂建造工程，最後他完成了。

布先生建造的這個圓頂是世界上最漂亮的圓頂，其他任何類似的圓頂

都無法與它相比。可是布先生一直不願意告訴人們，自己是如何建造這個圓頂，所以直到現在，佛羅倫斯大教堂圓頂的建造方法仍然是一個謎。

　　雖然吉先生在建造圓頂的比賽中一敗塗地，但是他也是一個優秀的藝術家，非常擅長雕塑。吉先生有一件聞名世界的雕塑作品，就在佛羅倫斯大教堂對面。

　　在佛羅倫斯大教堂對面，有一棟又低又矮的六面建築，這裡是佛羅倫斯洗禮堂。雖然這座洗禮堂不高大，但是卻擁有漂亮的青銅門，門上有許多栩栩如生的人物，都是吉貝爾蒂根據《聖經》故事雕刻而成。著名的藝術家米開朗基羅看到這些門之後，感歎地說：「這些門實在太美了，我想像中的天堂之門應該就是這樣。」

　　米開朗基羅是一名偉大的藝術家，他一生都生活在義大利，從來沒有離開。米開朗基羅擅長繪畫、雕塑、建築，他的許多作品為後代的藝術家所敬仰。與米開朗基羅同時代的藝術家們都是全才，他們對各種藝術形式很精通，從項鍊到教堂，從油畫到雕塑，藝術家們創作各種各樣美妙絕倫的藝術作品。

布先生是當時唯一知道如何修建「天堂圓頂」的人

　　有一天，米開朗基羅在外出的時候，撿到一塊帶有裂縫的大理石。原來，曾經有一位雕塑家想要用這塊大理石雕刻一個人像，但是卻把它雕壞

了，於是就把這塊大理石丟棄。米開朗基羅看到這塊大理石以後，腦海中立刻浮現大衛年輕的身材。於是，他把這塊大理石帶回家，夜以繼日地用鑿子雕刻。最後，他終於完成一件偉大的作品——大衛雕像。現在，你在佛羅倫斯可以看到兩座比真人還要高的大衛雕塑的仿製品。不僅在佛羅倫斯，世界各地都有這件雕塑的仿製品，它們有大有小。許多人喜歡把這些仿製品帶回家，裝飾自己的房間。

佛羅倫斯老橋

老橋上的商店有很多紀念品出售

雖然都是義大利的城市，但是佛羅倫斯城裡的河流卻不像威尼斯那麼多。在佛羅倫斯，只有一條有名的河流，叫做阿諾河。人們在阿諾河上修建幾座橋，其中一座橋叫做「維奇奧橋」，意思為「古老的橋」。橋的兩邊也有很多商店，就像威尼斯的里阿爾托橋一樣。

## 【歷險手稿】——歪歪斜斜的塔

距離佛羅倫斯不遠處，有一個名叫比薩的城市，那裡有一座非常奇特的塔。這座塔不像其他地方的塔，筆直地指向天空，而是傾斜的。這座塔就是享譽世界的比薩斜塔。

其實，比薩斜塔在剛開始的時候也是筆直的，只是後來塔基不斷地向

一邊塌陷，所以塔身開始傾斜，好像要倒下來一樣。人們猜測，如果塔基繼續下陷，塔身繼續傾斜，總有一天它會徹底倒下。

也許有一天比薩斜塔會倒塌

# 第 15 章：條條大路通羅馬

　　早在兩千年以前，無論你站在世界的哪條道路上，只要不停地往前走，最終都會到達一個偉大的城市——義大利的羅馬城，因此就有一句「條條大路通羅馬」的古諺。那個時候的羅馬是全世界最大的城市，沒有哪個城市比它更富裕美麗。

　　那個時候，人們非常喜歡「七」這個數字，認為這個數字可以給人們帶來好運。羅馬建立在七座山上，因此也被稱為「七丘之城」。有一條河經過羅馬，那條河的名字叫做台伯河。雖然羅馬曾經十分輝煌，但是現在我們只能看到古羅馬的一些遺址。當年那個強盛的古羅馬，已經一去不復返。古羅馬雖然離我們遠去，但是一個新的羅馬正在成長。現代羅馬是義大利的首都，那裡也是天主教的中心。在那裡，住著全世界天主教的首領，叫做「羅馬教皇」。「教皇」就是「父親」的意思。

　　在羅馬，有一座非常有名的教堂——聖彼得大教堂。據說，聖彼得大教堂的位置，就是當年聖彼得被釘在十字架上的位置。後來，人們在他死去的地方，修建聖彼得大教堂。聖彼得的墓地也在羅馬，在他的墳墓周圍，每天都有許多虔誠的基督徒舉行宗教儀式。這項儀式一直延續一千九百多年，現在仍然在繼續。

　　聖彼得大教堂與佛羅倫斯大教堂一樣，有一個巨大的圓頂。實際上，聖彼得大教堂的這個圓頂就是仿照佛羅倫斯大教堂的圓頂修建的，但是它比佛羅倫斯大教堂的圓頂更大。聖彼得大教堂的圓頂實在是太大了，上面竟然有一個小村子，裡面有教堂看守居住的房屋。

聖彼得大教堂的前門從來不關，但是前門右邊的一扇青銅門，也就是「聖門」，每25年打開一次。聖門外面有石牆圍護，只有等到25年過去，石牆才會被推翻，聖門才會打開。

聖彼得大教堂是一座非常高大的建築，教堂設施的規格也很大。在教堂裡，可以同時進行三十場宗教儀式。這裡的天使雕像大得像巨人，鴿子的身體就像壯碩的雄鷹。在教堂裡，還有一座聖彼得的青銅像，這座青銅像的雙腳被無數的天主教徒親吻過。每年來聖彼得大教堂的教徒，多得數不清。

每年的復活節或是舉行盛大典禮的時候，聖彼得大教堂裡會掛上深紅色綢布，點燃幾千支蠟燭。人們點起香火，陣陣清香慢慢上升，升到圓頂上。一襲白色衣裝的教皇，戴著紅色帽子的紅衣主教，幾百位穿著長袍的牧師排著整齊的隊形，在聖壇唱詩班男孩的聖歌聲中，從通道上莊嚴肅穆地緩緩走向至高的聖壇。聖壇下面，就是當年聖彼得被釘死在十字架的地方。

聖彼得大教堂圓形穹頂

聖彼得大教堂是世界上最大的教堂

在聖彼得大教堂旁邊是梵蒂岡宮，那裡是教皇居住的地方。你知道梵蒂岡宮有幾個房間嗎？據說有一千多個房間。梵蒂岡宮也是一個著名的博物館，大部分的房間陳列著名的繪畫作品和雕塑，這裡每年都吸引許多遊客前來參觀。

教皇有一座私人教堂，就是著名的西斯廷教堂。西斯廷教堂的天花板和牆壁上，有米開朗基羅創作的繪畫。來到這裡的人們，通常會平躺在地上欣賞這些漂亮畫作，如果你不願意躺下，也可以透過鏡子反射來觀賞。

在聖彼得出現以前，羅馬人相信眾神。當時，羅馬人專門為眾神建造廟宇。這座供奉羅馬眾神的廟宇，叫做「萬神殿」。萬神殿也有一個圓頂，但是這個圓頂與聖彼得大教堂的圓頂不同。如果聖彼得大教堂的圓頂像一個倒放的杯子，萬神殿的圓頂就像一個倒放的碟子。

萬神殿的頂部有一個洞，就像一隻注視天堂的眼睛。除此之外，萬神殿沒有其他窗戶，陽光和雨水都會透過這個洞進來。當雨水灑進教堂時，往往還沒有落到地面就會被蒸發，可見那個圓頂有多麼高。古羅馬有許多建築因為年代久遠而消失，但是萬神殿卻保存得非常完整，幾乎與剛建成的時候一樣。

古羅馬還有一個著名的廣場，也就是羅馬廣場。很多美麗的宮殿、法院、寺廟、拱門，都在這個廣場上。很久以前，人們為了讓征戰沙場的將軍和士兵可以凱旋，就建造許多拱門。在許多拱門中，有一扇拱門叫做「提圖斯凱旋門」。提圖斯是一個羅馬皇帝的名字，他曾經攻進猶太人的首都耶路撒冷，並且摧毀這座城市。為了慶祝這場勝利，人們建造提圖斯凱旋門。還有一扇著名的拱門，叫做「君士坦丁凱旋門」，君士坦丁是羅馬第一位信奉基督教的皇帝。

### 【歷險手稿】——古羅馬競技場

　　古羅馬人有一個奇怪的興趣，他們很喜歡觀看人們和老虎或獅子等凶猛野獸互相殘殺。這些與野獸搏鬥的人被稱為角鬥士，他們大多是俘虜，或是即將被羅馬皇帝處死的基督徒。

　　古羅馬人特地建造一個觀看人獸相殘的場地，就是世界八大名勝之一的古羅馬露天競技場，也稱為鬥獸場。現在，競技場裡不再舉行角鬥，那裡已經成為羅馬有名的景點之一。

這座凱旋門是為了紀念提圖斯攻入耶路撒冷

# 第 16 章：活潑好動的維蘇威火山

　　一個灰堆有什麼好看的？誰都不希望自己家的花園裡有一個灰堆，但是人們卻對義大利的一個灰堆青睞有加。這個灰堆在那不勒斯城的後方，高1英里左右。當地人在「灰堆」所在的那不勒斯灣邊，建造很多房屋和飯店，讓人們欣賞「灰堆」的美景。這個「灰堆」就是維蘇威火山，維蘇威火山在世界上所有火山中最著名。

　　古時候，人們不知道為什麼會有山噴火的現象，於是有一個神話傳說：有一個住在地下的跛腳鐵匠一直在燒火爐打鐵，火爐冒出黑煙和火焰，以及大量的灰燼，衝破底層。火爐上面的那座冒著黑煙和火焰的山，就叫做火山。

　　世界上的火山，分為休眠火山與活火山。休眠火山不會爆發，活火山卻經常活動。維蘇威火山是一座活火山，它就像一個巨大的煙囪，當它爆發的時候，白天會冒出濃煙和蒸汽，晚上會冒出火光。有時候，火焰爆發得非常強烈。這個時候，會有很多石塊和灰塵從火山口衝出來，跳到天空中。灰塵會在空中飄浮很久，有時候也會隨風飄到附近的國家。每當這個時候，落日在火山灰中顯得特別美麗，真是一個神奇的現象。

　　火山火焰的溫度很高，石頭碰到火山的火焰，就會像奶油一樣，立刻變成熔岩。這些熔岩從火山口流出來，沿著山坡不斷往下流。但是，這些軟軟稠稠的熔岩冷卻以後，會再變成石頭，也就是火山岩。這些石頭堅硬無比，那不勒斯人會用這些石頭來鋪路。

　　很久以前，維蘇威火山腳下有一座城市，這座城市就是著名的龐貝

維蘇威火山和那不勒斯灣

古城。雖然維蘇威火山不知道什麼時候會爆發，但是龐貝人似乎完全不擔心，他們在這裡建立家園。但是有一天，維蘇威火山發生一次非常猛烈的爆發，很多人甚至來不及感受死亡之前的恐懼，就被岩漿和煙塵吞沒。

這座古老的城鎮，被埋在地下大約兩千年才被挖掘出來。現在，遊客可以參觀所有被挖掘出來的房屋、寺廟、劇院，可以在擁有兩千年歷史的街道上散步，感受兩千年以前的商鋪和房屋，體驗兩千年以前人們的生活。

記得有一次，我在那不勒斯城的時候，正好看到維蘇威火山爆發。一層看起來像雪的灰色東西布滿街道，這些灰色的東西就是從維蘇威火山飄來的灰塵。當地人會用汽車把這些灰塵裝起來，倒入那不勒斯灣中。

那個時候，我特別想要親眼看看火山裡面的模樣。於是，我打定主意要到火山上。但是，原本可以通往山頂的鐵路毀壞了，所以我只能爬山。爬山的過程非常艱難，因為我每走一步就會陷入火山灰中。我手腳並用地花費大半天時間，終於爬到山頂。

當我從火山口往下看的時候，一塊石頭突然從裡面衝出來。幸好我很機靈，及時閃躲過去。接下來我十分警惕，隨時注意突然噴出來的石頭。

但是，噴出來的石頭太多了，我越來越難躲開，所以只好立刻往山下跑。下山的道路完全不比上山輕鬆，我走一步就摔一跤。事實上，我不是走下來的，而是連滾帶爬地像皮球一樣滾跳著下山。幸好火山灰軟軟的，我沒有受傷。

我回到山腳的時候，才發現自己的衣服已經髒得不成模樣。我下山的速度非常快，十分鐘就滾下來，但是我在飯店洗衣服的時間，卻花費幾個小時。

沒有人知道維蘇威火山下一次爆發的時間，那不勒斯的人們好像不擔心這個問題，這裡是一座快樂的城市。

在義大利的街道上，你會看到很多人吹口哨，卻很少看到有人唱歌。但是，那不勒斯人喜歡在街道上唱歌。特別是在晚上，你會看到計程車司機在唱歌，穿著破爛衣服在街頭玩耍的小孩在唱歌，就連乞丐也在唱歌。

仔細一聽，大家唱的歌曲都是來自於音樂會或歌劇。那不勒斯曾經有一位著名的歌唱家叫做卡盧索，他小時候也喜歡在那不勒斯的街頭唱歌。後來，他去美國發展，並且取得巨大成功。直到現在，我們還可以買到他生前錄製的唱片。

有些人說，義大利語是世界上最動聽的語言，它似乎是為音樂而生。相傳，如果學會義大利語，就會不由自主地想要唱歌。義大利語幾乎每個詞語都是以母音結尾，這種發音方式非常有利於歌唱。我們現在使用的

從維蘇威火山跳下來

火山口溫度很高，所以我從山上跳下來

樂譜，許多都是用義大利語寫成，例如：「鋼琴」、「大提琴」、「女高音」、「女低音」的詞彙，都是源於義大利語。

## 【歷險手稿】——維蘇威火山的爆發週期

經過觀察，人們逐漸瞭解維蘇威火山的爆發週期。人們發現，在猛烈爆發之後，維蘇威火山會沉寂一段時間。例如：從1660年到1944年，維蘇威火山分別在1660年、1682年、1694年、1698年、1707年、1737年、1760年、1767年、1779年、1794年、1822年、1834年、1839年、1850年、1855年、1861年、1868年、1872年、1906年、1944年發生爆發。

維蘇威火山每次爆發期的長度不同，短的時候只有6個月，長的時候可以達到30年，它的靜止期長度也不同，有時候是18個月，最長的時候是7年零5個月。

# 第 17 章：戰爭、童話、音樂都在這裡

　　喜歡音樂的不只是義大利人，德國人也非常喜歡音樂，但是這兩個國家的音樂風格完全不同。

　　有些德國的音樂作品，聲音響亮，氣勢宏大。聽到這樣的音樂，我經常會想到戰爭的場面。但是，有些德國的音樂作品聽來溫和柔美，容易讓人產生甜蜜的喜悅。我們非常熟悉的《平安夜》和《聖善夜》，就是德國音樂。雖然人們只要提到歌劇就會想到義大利，但是德國的歌劇也非常優秀。

　　德國人是世界上最會說故事的人之一，他們創作許多優秀的童話。德國人的童話故事，你一定不陌生，《格林童話》、《小紅帽》、《青蛙王子》、《灰姑娘》、《白雪公主》、《睡美人》……都是德國藝術家的創作。在許多故事、詩歌、歌曲、戲劇中，德國藝術家描述德國人的生活，有一些是虛構的童話故事，有一些是真實發生的事情。

　　但是，這個喜歡音樂和喜歡說故事的民族，也是非常好戰。德國曾經策動兩次大規模的戰爭，把世界上所有國家都捲進戰火中。在兩次世界戰爭中，德國幾乎成為全世界共同的敵人。雖然德國人善戰，但是最終都被打敗。

　　第二次世界大戰結束以後，戰勝國為防止德國再次引發戰爭，就將德國分成東德和西德。蘇聯統治東德，美國、英國、法國共同統治西德。現在，東德和西德已經重新統一為「德意志聯邦共和國」。

　　德國有一條著名的河流，叫做萊茵河。它發源於瑞士阿爾卑斯山上

世界上最有意思的童話，很多也是「德國製造」

的一座冰川，河水從山上流下，經過德國西部地區以後，流向荷蘭。在萊茵河兩岸，你會看到很多聳立的山坡和奇怪的岩石。很久以前，這些山上有很多城堡，一些貴族強盜居住在這些城堡中。貴族強盜把城堡建在山上的好處是：可以下山去搶奪別人的財物，又不會被別人襲擊。現在，這些已經成為廢墟的城堡，在當年是堅不可摧的。

在山谷居住的人們，非常害怕這些強盜。這些強盜經常從山上衝下來，破壞人們的房屋，搶走人們的財物。住在山谷裡的人們，根本不是這些強盜的對手，為了讓強盜不再搶奪自己的東西，他們只好主動把家中的

萊茵河上的城堡

貴族強盜曾經住在這樣的城堡裡

物品送給強盜。

提到德國，你們或許知道那裡有一種著名的香水——古龍水。古龍水的氣味非常濃，它還有另一個名字——科隆香水。科隆是一座城市，就在萊茵河邊上。「科隆」有「殖民地」的意思，這個城市叫做「科隆」，是因為這裡曾經是古羅馬的殖民地。

科隆有一座舉世聞名的教堂——科隆大教堂。這座教堂規模宏大，人們花費七百年的時間才將它建成，因此它被稱為全世界建造時間最長的建築。雖然科隆有著名的科隆大教堂，但是它沒有因此成為德國最著名的城市，德國最著名的城市是德國的首都——柏林。

在第二次世界大戰之前，柏林城裡道路整潔，建築壯觀，公園環境優美，到處裝飾精美的雕塑。這裡曾經被譽為世界上最漂亮和乾淨的城市。但是，第二次世界大戰爆發以後，柏林城中的許多建築物都被戰爭摧毀，整個城市幾乎成為一片廢墟。

在德國被分成東德和西德的時候，柏林屬於東德。雖然東德是蘇聯的統治區，但是柏林是由蘇聯、美國、英國、法國共同管理。在第二次世界大戰期間，蘇聯與其他國家結合為統一戰線，共同對抗德國。在戰爭結束以後，蘇聯與戰爭盟友的關係卻變得越來越壞。蘇聯與英國交惡，法國和美國透過鐵路和公路向柏林運送物資。當時，柏林人們的食物和煤炭等物品，都是美國和英國用飛機運送過去。這種情況一直持續一年半，人們把這段空運時間叫做「柏林

這座城堡花費700年時間才建成

空運」。

後來，蘇聯意識到對公路和鐵路的封鎖根本無法阻擋英國和美國，於是停止對公路和鐵路的封鎖。

如果你從北海邊的城市到波羅的海邊的城市，會經過一個獨立的國家——丹麥。如果從地圖上看，德國版圖上有一小塊地方向外突出，就像我們翹起來的大拇指，丹麥就在這個「大拇指」上。德國在北海和波羅的海的交界點，德國人為了讓交通更便捷，就在「大拇指」下面開闢一條運河——基爾運河。

## 【歷險手稿】——聽不見聲音的巨人

1787年4月，一位其貌不揚的年輕人去拜訪當時著名的音樂家莫札特。當他開始演奏以後，莫札特非常驚歎他的技藝，並且向在場的朋友說：「這位年輕人以後一定會在樂壇掀起狂瀾。」不到十年，莫札特的預言應驗了。此人就是世界著名的作曲家和鋼琴家——路德維希・凡・貝多芬。

貝多芬出生在德國波恩，他的祖父和父親都是宮廷歌手。或許是受到祖父和父親的影響，貝多芬從小就展現極高的音樂天賦，父親也將他作為莫札特之後的第二個神童培養。父親強迫貝多芬學習鋼琴，如果他稍有不順，就會被父親毒打一頓。就這樣，貝多芬度過一段不快樂的童年。

即使如此，貝多芬長大以後，確實成為一名傑出的音樂家，寫出許多優秀的音樂作品。然而，天公不作美，1796年，26歲的貝多芬覺得自己的耳朵有些問題。逐漸地，貝多芬發現自己的聽力越來越差。最後，他再也聽不到任何聲音，從此以後，只能和朋友筆上交談。

在悲苦的深淵裡，貝多芬沒有放棄自己的夢想，仍然堅持音樂創作。

失去聽覺的貝多芬寫出不朽的音樂巨作，他與命運抗爭的頑強精神也與他的音樂一起，永遠留在人們心裡。

# 第 18 章：有故事的丹麥人

丹麥附近有兩個海峽連接北海和波羅的海，它們是斯卡格拉克和卡特加特，「卡特加特」的意思是「貓的喉嚨」，「斯卡格拉克」也是「喉嚨」的意思。

丹麥的版圖主要由兩個部分組成，我們之前說過，形狀像大拇指的部分是日德蘭半島，相傳這裡曾經是朱特人的家園。在日德蘭半島旁邊是西蘭島，「西蘭」是「海上的陸地」的意思。

哥本哈根是丹麥的首都，也是這個國家唯一的大城市，就在西蘭島上。「哥本哈根」的意思是「商人的海港」。很久以前，來自北海的商人乘船前往波羅的海地區經商，他們都會選擇在哥本哈根靠岸。但是，自從德國人開鑿基爾運河之後，商船不再從斯卡格拉克海峽和卡特加特海峽經過，而是直接穿過基爾運河，因為這樣可以縮短航程。

在一千多年以前，歐洲人提到丹麥人的時候，或許會覺得害怕，因為丹麥人是遠近聞名的海盜，他們經常乘船到其他國家進行掠奪。但是，現在的丹麥人已經不再從事海盜的勾當，他們安分地在自己的土地上生活，他們依然是優秀水手和航海健將。在丹麥的一些城鎮裡，人們都在從事與海運有關的工作，他們不是水手就是造船工人。

當然，還有許多不航海的人，他們從事的工作都與奶油和雞蛋有關。丹麥有許多乳牛，人們將牛奶製成奶油，丹麥出產的奶油品質特別好。丹麥人把優質的奶油出口到其他國家，賣出很好的價錢。他們自己吃的奶油，卻是用脂肪或油脂做成。

除了乳牛，丹麥人也飼養很多雞，收穫很多雞蛋。丹麥人在雞蛋上都印著生產日期，人們可以透過這些生產日期來判斷雞蛋是否新鮮，多餘的雞蛋也會出口到其他國家。

丹麥是全世界最適合居住的國家之一，那裡的人們平均壽命比很多國家長，所以在那裡可以看到許多長壽的老人。

丹麥是一個領土很小的國家，但是卻有兩個面積比自己領土面積大的島嶼，一個叫做冰島，一個叫做格陵蘭島。如今，冰島已經是一個獨立的國家，但是格陵蘭島仍然隸屬於丹麥。

格陵蘭島的英文名字叫做「Greenland」，意思是「綠地」。但是，你千萬不要被這個名字欺騙了。事實上，格陵蘭島就是一個冰雪世界。島上覆蓋的厚厚冰層，就像一條巨大的白色棉被蓋在島上。

格陵蘭島海邊的冰層，經常會因為融化而脫落。有一些脫落的冰層，就像一座教堂那麼大。這些巨大的冰層隨著洋流到處漂流，就像一座到處漂流的山，所以人們把它們叫做「冰山」。在北極附近航行的船隻，要特別注意這些移動路障（冰山）。

格陵蘭島上居住著因紐特人，他們的食物主要有魚與動物和鳥類。有一種鳥類，成群地棲息在格陵蘭島上，這種鳥類就是海雀，數量很多。因紐特人可以像網羅蝴蝶一樣，捕獲很多海雀。因紐特人捕一次海雀，足夠他們吃上幾個月。就算吃不完海雀也沒有關係，因為這裡的食物很難變質，寒冷的格陵蘭島就是一個天然的冰箱。

格陵蘭島上的溫度非常低，有時候會降到華氏零下70度，因紐特人會用海雀柔軟的羽毛做成舒適的衣服來禦寒。島上還有一種叫做絨鴨的鳥類，牠的羽毛比海雀的羽毛還要柔軟。絨鴨的鴨絨，是世界上最柔軟的東西之一。用絨鴨的鴨絨做成的褲子又軟又輕，非常溫暖。絨鴨蛋也是因紐特人最喜愛的食物之一，他們每次都可以在野外撿到幾千個絨鴨蛋。

因紐特人不像我們經常吃牛肉和羊肉或豬肉，他們的肉類食物主要是麝牛肉。因為格陵蘭島上實在太冷，普通的牛到這裡一定會被凍成一塊冰坨，但是麝牛不同。牠們全身長著又長又粗的毛，可以幫助牠們抵禦寒冷，因此牠們可以在天寒地凍的地方生活。

如果你看見麝牛，一定會覺得牠們非常強壯，但是事實上，麝牛非常瘦。因為麝牛的皮毛很厚，但是剝去這層皮毛，牠們就會立刻「縮水」。就像我們在寒冷的冬天穿上寬大的棉衣，彷彿立刻長大一圈，但是脫掉棉衣以後，我們還是跟原來一樣大。

除了麝牛以外，因紐特人還會獵捕一種水陸兩棲的動物——海象。與吃海象的肉相比，因紐特人更喜歡海象的象牙。

因紐特人最喜歡吃肥肉，一塊肥肉在因紐特人看來，就是一頓非常可口的美食。因為肥肉含有大量脂肪，脂肪有保暖的功能，可以讓因紐特人在寒冷的島上愉快地生活。

海豹也是格陵蘭島上經常看到的動物，世界上最昂貴的皮草就是用海豹的皮毛製作而成。在夏天，島上會吹起猛烈的強風，因紐特人用海豹的皮毛搭帳篷，然後用石頭壓住帳篷，以防被強風吹走。因紐特人冬天住的房屋非常特別，你在其他地方看不到這種房屋，因為他們冬天住的房屋是在冰裡面鑿出來的。這樣的房屋沒有窗戶，非常矮，以至於在裡面無法站立。

因紐特人通常使用火把或是燈來照明，他們把一根蘸有油脂或是動物脂肪的燈芯放進鑿坑的石頭裡，然後把燈芯點燃，就製成一盞簡單的燈。

因紐特犬是因紐特人的朋友，當地人會同時用四條或八條甚至更多因紐特犬拉雪橇。因紐特犬拉雪橇，就像我們的馬車和汽車，是因紐特人主要的交通工具。大部分的狗很喜歡水，喜歡跳到河裡或是泳池中玩水。因紐特犬與一般的狗不同，牠們非常害怕水，只有在主人用鞭子逼迫的時

候，牠們才會勉強下水。

因紐特人非常勇敢，他們生活在漂浮巨大冰山的寒冷雪地裡，卻完全不害怕。他們會製造一種很特別的獨木舟，叫做因紐特皮筏。這種獨木舟只能中間坐人，其他地方全部封閉，就算船翻了，水也不會浸到船裡。因紐特人掌握高超的划船技巧，他們有一種划船運動，就是故意將船打翻，船上的人仍然猛力地向前划，以展示自己的划船技巧。

划獨木舟的因紐特人

## 【歷險手稿】——孩子們永遠的朋友

提到丹麥，就要提到一個舉世聞名的作家。你應該看過他的童話故事，例如：《賣火柴的小女孩》和《醜小鴨》。這位偉大的作家，名叫漢斯・克里斯汀・安徒生。（曾經有十位丹麥國王都使用過克里斯汀這個名字，可見丹麥人有多麼喜歡克里斯汀。）

安徒生的童話靈感，都是來自他的人生經歷。他說：「它們就像『種子』一樣，藏在我的思想中，一股涓涓細流、一束陽光，或是一滴苦酒，就可以使它們破土而出。」

# 第 19 章：丹麥旁邊的「鯨魚」

　　丹麥附近有「一條張著大嘴的鯨魚」？它的大嘴，想要吞下丹麥這個小國家。你沒有看到這條鯨魚？將地圖按照順時針方向旋轉90度？現在你看見了。

　　這條「鯨魚」就是斯堪地那維亞半島，挪威在「鯨魚」的背部，斯卡格拉克海峽和卡特加特海峽就像「鯨魚」的喉嚨。「鯨魚」的一側是挪威，另一側是瑞典。斯堪地那維亞半島由挪威和瑞典共同組成。

　　說斯堪地那維亞半島像鯨魚，還有一個重要的原因：半島附近的海域裡，有數量眾多的鯨魚。雖然我們總是「鯨魚」、「鯨魚」這樣叫，但是事實上，鯨魚不屬於魚類。

　　魚類和小雞一樣透過產卵來繁衍後代，只是魚類產的卵非常小。但是鯨魚不產卵，而是像貓媽媽生小貓一樣，直接生下鯨魚寶寶。你有沒有發現，鯨魚經常浮出水面來呼吸，因為鯨魚和人類一樣，需要呼吸新鮮空氣，只是鯨魚特別會憋氣，牠們浮出水面呼吸一次，足夠牠們在海裡待上很長一段時間，所以鯨魚和人類一樣，都是哺乳動物。

　　鯨魚特別喜歡吃一種名叫鯡魚的小魚，鯨魚的大口一張，數以萬計的鯡魚全部進入鯨魚的肚子。但是鯡魚不會因此而滅絕，因為牠們是一種繁衍非常快的海洋生物。每一年，挪威人會從大海裡打撈到很多鯡魚，用鹽醃和煙燻或是直接曬乾，然後將處理好的鯡魚出口到其他的國家。所以，世界各地的人們都有機會吃到美味的鯡魚。

　　挪威距離北極很近，但是這裡的海水卻從來不會結冰。說到這裡，好

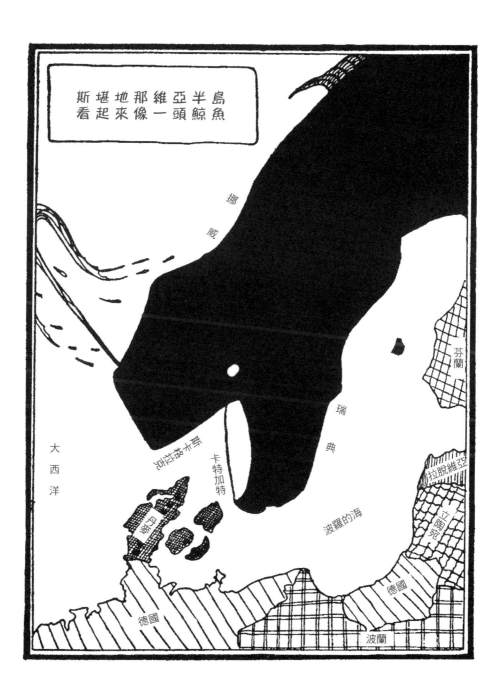

奇的孩子們不由得會想，既然挪威氣溫那麼低，海水怎麼不會結冰？這都是依靠溫暖的墨西哥灣海水。

你一定覺得我說錯了，挪威和墨西哥灣距離那麼遠，它們怎麼會扯上關係？我這樣跟你說吧！我家地窖裡有一個鍋爐，燃燒鍋爐可以使管道中的水溫上升，即使距離地窖最遠的房間，也可以感覺到鍋爐的溫暖。相同的道理，墨西哥灣在地球上扮演鍋爐的角色，海水吸收太陽的熱量，形成一道暖流，叫做灣流。灣流流入大海，順著墨西哥灣漂到挪威海岸，挪威峽灣中的海水溫度也會上升。

鯡魚非常喜歡峽灣的溫暖海水，牠們在這裡快樂地成長。挪威的漁民們根據鯡魚的生長環境特點，都會來這裡捕魚。當然，鯨魚也喜歡來峽灣附近覓食。

挪威的亨墨菲斯城是世界上最北端的城市，墨西哥灣暖流也在這裡到達挪威。隨著灣流來到這裡的還有很多木棒，這些像玩具船一樣的木頭叫做漂流木，挪威人會把擱淺在岸邊的漂流木撿回家當作柴火。漂流木燃燒的火焰與普通木材不同，普通木材燃燒的火焰是黃色，漂流木經過長時間的浸泡以後含有很多鹽分，燃燒的時候會發出藍色、綠色、紫色的火焰，非常漂亮。

挪威有一個島嶼周圍盛產鱈魚，這是一種比鯡魚大的魚類。挪威人捕撈鱈魚以後，從牠們的肝臟中提取魚肝油，出口到其他國家。鱈魚還會被剔除魚骨，曬成魚乾做成食物。

在挪威一個峽灣上的小城——卑爾根，是世界上擁有魚類和魚量最多的城市之一。卑爾根的魚的種類很多，大魚和小魚，身體肥厚的魚和身體細薄的魚，黑色的魚和白色的魚⋯⋯卑爾根的漁民們都會把捕撈上來的魚裝上船，運送到其他城市或國家。

如果你到卑爾根一定要記得帶雨具，而且還要記得隨時把雨具帶在

身邊，否則很有可能被一場突如其來的降雨淋成落湯雞。卑爾根總是在下雨，那裡的晴天少得可憐，所以卑爾根是歐洲最潮濕的地方。

如果你在下雨的時候拿著一個水桶站在外面接雨水，除非這場雨很大，否則要經過很長一段時間，才可以接到1英寸的雨水。水桶裡的雨水，就是我們經常說的「降雨量」。卑爾根的降雨量很大，一年的降雨量可以達到8英尺。如果這些雨集中在一次全部下完，卑爾根就會被洪水沖走。

挪威是一個靠海的國家，卑爾根多雨正是因為這個原因。海洋不僅給挪威帶來大量的魚類與降雨，也讓這裡的人們成為出色的水手。所以，如果你有一張世界著名的水手清單，其中一定會有挪威人。挪威每個家庭都有船。在很久以前，挪威人因為航海探險而聞名遐邇，萊夫・艾瑞克森是當時最著名的航海探險家，他的父親也是一位著名的航海探險家。

其實，在哥倫布發現美洲大陸之前五百年，艾瑞克森就發現美洲大陸。只可惜，艾瑞克森回到挪威的時候，沒有告訴別人自己發現美洲大陸，而且當時對美洲大陸沒有任何想法。所以，後來人們只知道哥倫布發現美洲大陸。

除了萊夫・艾瑞克森，挪威還有許多著名的航海家，例如：曾經試圖去北極點的探險家南森和阿蒙森，但是他們最終都沒有成功到達北極點。後來，阿蒙森成功到達南極點，第一個到達北極點的人是美國探險家皮里。之後，還有一些飛機和挪威一艘飛船朝向北極點飛去。

北極和南極是冰雪的世

皮里插在北極點上的國旗

界，在那裡行走要依靠雪橇。如果在冬天的挪威，你也要穿上像雪橇一樣的滑雪板，雙手各拿著一根滑雪杖，撐著身體往前滑行。想像一下，如果在冬天，每個人都滑著滑雪板出門，整個城市就變成一座巨大的滑雪場。

### 【歷險手稿】——白色煤炭

應該沒有人會認為煤炭是白色的，但是挪威和瑞典卻有白色的煤炭。這些白色的煤炭不是用來燃燒的，它們究竟有何功用？

原來，挪威和瑞典山上有許多冰雪，冰雪融化以後，會變成泉水順著山坡流下，然後形成瀑布。瀑布的巨大力量可以推著輪子轉動，產生動能，就像煤炭可以使機器運轉一樣。瀑布也可以使鋸木廠和機器運轉，因此這裡的瀑布被稱為「白色的煤炭」。

挪威人出門都需要雪橇

# 第 20 章：太陽不落下的國家

「海面上，鋪灑溫暖耀眼的陽光，直到半夜，太陽公公仍然留在天上⋯⋯」

那一天，我正在給九歲的侄兒讀童話《海象和木匠》。剛聽到開頭，侄兒就說：「半夜裡看不到太陽。」

「哈哈。」我大笑起來，「在童話裡，任何事情都有可能發生。但是在現實世界中，有一個地方在半夜還可以看到太陽。」我的侄兒當時瞪大眼睛，你也一定很驚訝。我沒有說謊。在挪威最北端，有一塊叫做「北角」的岩石。這裡原本是一片無人區，但是後來有許多人來這裡欣賞海景，於是擠滿世界各地的遊客。這裡的海景很特別，就像《海象和木匠》開頭說的那樣——海面上，鋪灑溫暖耀眼的陽光，直到半夜，太陽公公仍然留在天上。

「太陽從哪裡升起，從哪裡落下？」這個問題很簡單，你立刻就會想到答案：「太陽是白天從東邊升起，晚上從西邊落下。」但是，生活在挪威和瑞典北部的孩子們不會這樣認為。

因為在挪威和瑞典北部，太陽會有半年時間一直停留在天空。在這六個月裡，太陽彷彿特別留戀天空，每天都停留在天空，這裡每天都是白天。但是在這段期間，太陽的高度會變化，它會慢慢接近地平線，每天接近一些，直到消失在地平線以下。這次消失之後，太陽將會在之後的六個月不出來。所以，在這半年裡，這裡每天都是黑夜。

為什麼會這樣？在告訴你答案之前，先讓我說一個簡單例子。

我有一個朋友，他住在山的一側，我住在山的另一側。有一天，這位住在山那邊的朋友來找我玩。我看到他從山坡向我走來，他在山坡上的任何舉動，我都可以看見。我們一起渡過快樂的一天，到了晚上，我的朋友要回家。我站在門口送他，當他翻過山以後，我再也看不到他在山那邊的舉動。

　　我們站在地球上看太陽，就像我看著朋友翻過山。當太陽移動到我們居住地區的另一端時，我們就看不到它。這個時候，我們居住的地區就是黑夜。但是，如果你在北極，有時候在夜裡也可以看到太陽。

　　地球的北極，有時候是「夜晚光明的土地」，有時候是「白晝昏暗的土地」。原因很簡單，北極一年中，有半年的時間太陽在夜裡仍然不落，剩下的半年時間，太陽卻一直待在地平線以下，總是不見升起。

　　相傳，北極是聖誕老人的故鄉。北極有一種名叫馴鹿的動物，就是牠們拉著聖誕老人的雪橇，在聖誕夜裡給每個家庭送去聖誕禮物。北極十分寒冷，其他植物都無法在那裡生存，除了苔蘚以外，馴鹿就是以苔蘚為食物。

　　即使是自然條件惡劣的北極，依然有人類居住。北極當地的居民是薩米人，薩米人長得很像因紐特人。薩米人和因紐特人與中國人長得很像，這兩種人和中國人應該有共同的祖先。其實，真正和馴鹿生活在一起的是薩米人，薩米人和馴鹿住在同一個房屋裡。馴鹿對薩米人而言非常重要，他們的衣食住行離不開馴鹿。馴鹿可以為他們拉雪橇，為他們提供乳製品。馴鹿的肉可以充饑，它們的皮可以做成衣服和帳篷。

　　挪威人和瑞典人與美國人的相貌沒有不同，但是我覺得挪威人和瑞典人比我們更聰明。我認識的一些瑞典人之中，有些人會說12個國家的語言，有些人可以把奶油從牛奶中分離出來卻不必脫脂。我還認識兩個小孩，他們可以用自製的機器生產冰塊。

挪威和瑞典在很久以前其實是一個國家，後來它們各自獨立，由不同的國王統治。在你爸爸很小的時候，挪威的首都是克里斯蒂安尼亞。其實，克里斯蒂安尼亞就是現在的奧斯陸，只是名字不同而已。

薩米人與馴鹿

瑞典的首都是斯德哥爾摩，斯德哥爾摩城裡有許多水道，因此享有「北方威尼斯」的美譽。奧斯陸和斯德哥爾摩都在海邊，但是墨西哥灣暖流無法影響到它們。到了冬天，這兩座城市的港灣都會結上厚厚的冰，船隻無法在這裡停靠。

我們可以透過一個人的名字，猜測他來自哪裡。如果你聽到有人叫做奧利，他很有可能來自斯堪地那維亞地區，因為這個名字是那裡最常見的名字之一，就像瑪莉和約翰是美國人最常使用的名字。除了奧利以外，如果你聽到有人叫做漢斯或艾力克斯，他或許也是來自斯堪地那維亞地區。

美國人稱呼某個人的時候，喜歡在名字後面加上「遜」。這樣一來，「約翰」就變成一個新名字「強森」。斯堪地那維亞半島上的居民也有這樣的習慣，他們也喜歡在名字後面加一個字構成一個新名字，但不是「遜」而是「森」，例如：艾瑞克森、漢森、彼得森、奧德森……

如果你翻開威斯康辛州或明尼蘇達州的電話簿，會發現上面有許多這樣的名字。這是因為：威斯康辛州或明尼蘇達州的居民，有許多人是挪威人或瑞典人的後裔，也有一些是從挪威或瑞典遷移到美國的移民。因為威斯康辛州和明尼蘇達州的環境與挪威和瑞典很像，所以來自那裡的移民都

喜歡住在這兩個州。

在挪威語中，我們可以看到很多長得像英語的詞語。幾千年以前，甚至可能更久遠，一些挪威水手來到英國，隨後就在英國定居。這些挪威水手把挪威語中的一些詞語帶進英國，直到現在，我們仍然在使用這些挪威詞語。所以，不是挪威語效仿英語，而是英語中有許多挪威語。現在，這些英語中的挪威語發生一些改變，與它們剛開始的模樣不同。

## 【歷險手稿】——斯堪地那維亞半島上的武士

生活在斯堪地那維亞半島上的男人們，曾經是勇猛的武士。他們喜歡喝一種用蜂蜜釀成的烈酒，並且用敵人的頭顱做酒壺。他們的神話中有很多神，雷神索爾和戰神提爾是他們最崇拜的神。他們根據不同神的名字命名「星期二」、「星期三」、「星期四」、「星期五」，這些詞語和英語中對應的詞語讀音非常像。

# 第 21 章：盛產神話之國

從前，古希臘有一個奴隸叫做伊索，他是一個很會寫故事的人。人們從伊索寫的故事裡，學到許多為人處世的道理，因此人們很喜歡讀他寫的故事，也是因為這個原因，伊索的主人重新給伊索自由。人們把伊索寫過的所有故事編成故事書，名字就叫做《伊索寓言》。這本書的名字是不是很熟悉？你一定讀過其中一些故事。我也很喜歡這本書，它是我讀的第一本故事書。

伊索的故鄉希臘是一個很小的地方，但是在古代，希臘是世界上最著名的地方，希臘人是世界上最偉大的民族，它的語言也是最偉大的語言。當歐洲的其他地區還在蠻荒愚昧的時代時，古希臘人已經建造宏大的建築，寫出偉大的書籍，產生影響深遠的學術成果。

古希臘人的文明十分獨特，例如：那裡是一個盛產神話的地方，我相信你們之中有許多人都聽過希臘神話。在古希臘神話中，世界由眾神統治，例如：太陽升起來，是因為太陽神阿波羅駕著馬車出來巡遊；雨神是朱庇特，他發怒的時候，天空會烏雲密布和雷電交加。當然，還有愛神、戰神⋯⋯所有的神之中權力最大的，就是眾神之王——宙斯。希臘人認為，眾神住在奧林帕斯山的山頂上。

眾神不是只存在於古希臘神話中，在現實世界中，古希臘人也相信眾神存在，例如：古希臘人相信神諭。雅典城外的德爾斐，是當時古希臘最有名的占卜場所。德爾斐的地面上，有一條冒出特殊氣體的裂縫。裂縫上有一座神廟，裡面供奉女神西碧兒。裂縫中冒出的氣體，會讓神廟的女祭

司陷入冥想狀態。據說，女祭司冥想的時候，就可以在夢中占卜未來。當時，有許多古希臘人都到那裡算命占卜。但是，德爾斐神廟裡的西碧兒神像和雅典娜神像卻不翼而飛，沒有人知道它們被丟在什麼地方。

　　古希臘人建造許多神廟來供奉眾神。在希臘，有一條四英里寬的科林斯峽谷，將希臘分為南北兩個部分。舉世聞名的城邦——雅典，就在希臘北面。在希臘，每一座城市都有一個保護神，雅典的保護神是智慧女神雅典娜，雅典城市的名字就是以雅典娜的名字來命名。

　　雅典人在一座山上建造一座當時世界上最宏偉華麗的神廟——帕德嫩神廟。這座神廟，既沒有圓頂也沒有尖頂，但是它的周圍卻有許多風格獨特的柱子做支撐。原本在帕德嫩神廟裡，有一座用黃金和象牙製成的雅典娜神像，十分精美華麗，但是卻被竊賊偷走，現在下落不明。

　　宏偉的帕德嫩神廟已經被戰火摧毀，現在只剩下斷垣殘壁。神廟裡的許多精美雕塑，已經被運送到英國倫敦大英博物館。因此，如果你想要瞭解希臘風格的雕塑，不必特地去希臘，去倫敦就可以。

雅典的帕德嫩神廟

世界上曾經最美麗的神廟，現在變成一堆廢墟

雅典城外有一座山叫做潘提里山，雅典城的大理石雕塑和建築物石料都是產自潘提里山。有些人認為，古希臘的雕塑和建築之所以如此完美，與當地的優質大理石密不可分，但是我不同意這種說法，因為現在潘提里山上雖然還是出產大理石，但是雅典卻再也沒有出現與古代雅典建築相媲美的偉大作品。

說到雅典，這裡還有一件特別的東西。雅典城外的伊米托斯山，盛產一種美味的蜂蜜。據說，這種蜂蜜是眾神的食物，古希臘人稱這種蜂蜜為「神果」。然而，神果不是只有眾神才可以品嘗，你到雅典城裡的飯店裡，就可以品嘗到這種美味。

之所以說希臘語是最偉大的語言，是因為希臘語就在我們的周圍。「音樂」、「博物館」、「娛樂」，這些詞語都是希臘語，它們與一位美麗女神繆斯有關。繆斯住在一處叫做卡斯塔利亞的泉水旁，這眼泉水也在德爾斐。當地人傳說，只要喝下這裡的泉水，就可以成為詩人和音樂家。如今，泉眼裡依然冒出泉水，路人和羊群都可以在這裡解渴，但是我卻沒有聽說雅典有哪一隻羊會開口唱歌。

古希臘各個城邦每年都會派出優秀選手，在奧林帕斯山山腳下參加運動會。這個運動會你一定不陌生，它就是奧林匹克運動會。但是，那個時候的奧運會與現代的奧運會不同，它是現代奧林匹克運動會的前身。

在運動會期間，來自希臘各地的參賽者參加跳高和跳遠等比賽。當時，在比賽中獲得冠軍的人沒有獎牌，冠軍的獎品是一頂用月桂樹枝條編成的「王冠」，也就是我們經常說的「桂冠」。

在古雅典繁榮時期，人們在雅典城內修建一座舉辦奧林匹克運動會的體育場，但是隨著雅典的衰落，體育場也被廢棄。幾千年以後，有一位希臘富翁想要做一些慈善事業。於是，他出錢將古體育場整修，並且鋪上大理石。所以，現在的人們又可以在那裡重溫古代奧林匹克運動會的場景。

古希臘有許多驕傲，現在希臘最有名的是黑加侖。它是一種沒有果核的葡萄乾，非常好吃。我們經常會在蛋糕和布丁裡吃到它，還有一些地方把它榨成汁，做成飲料。

## 【歷險手稿】——愛琴海的傳說

琴是希臘很有名的豎琴師，她的琴聲可以平復海神波塞頓的盛怒，可以讓冥神哈迪斯展現笑容，可以讓善妒的赫拉心生寬容。

國王想要邀請琴來彈琴，可是琴不願意為一個只會享樂的國王彈琴。於是，國王悄悄地來到琴所在的地方。不料，國王與琴一見鍾情，墜入愛河。

然而就在這個時候，希臘爆發戰爭，國王只好奔赴戰場指揮作戰。琴每天都去曾經約會的地方彈琴，以解相思之苦。不幸的是，琴沒有等到國王回來，卻等來國王戰死沙場的消息。

從此以後，琴每天晚上都會對空彈琴，向天堂傳遞情意給國王，然後第二天早晨，到處收集散落的露珠。

許多年以後，琴再也無法彈琴，從此一睡不起。人們將琴收集的五百二十一萬三千三百四十四瓶露水，全部倒在她沉睡的地方。最後一滴露珠落地，在琴的墳墓旁邊，湧出一道清泉，由泉變溪、由溪成河、由河聚海。後來，人們把這片海洋叫做「愛琴海」。

# 第 22 章：經常被忽視的九個國家

世界上的城鎮多得數不清，但是真正被人們熟知的卻不多。在俄羅斯和歐洲其他國家之間有九個國家，它們被冷落很久。這九個國家分別是：芬蘭、波蘭、奧地利、匈牙利、捷克、阿爾巴尼亞、保加利亞、羅馬尼亞、南斯拉夫。

這些國家的名字中，一個國家的名字最後是「克」，一個國家的名字最後是「夫」，兩個國家的名字最後是「蘭」，三個國家的名字最後是「亞」。我相信，如果不是我特地提到這些國家，你可能從來沒有聽過這些國家。其實，每個國家對生活在那裡的人們至關重要，國家小不表示不重要。

芬蘭和波蘭是俄羅斯的兩個鄰居。芬蘭是總統制民主共和國，在俄羅斯和斯堪地那維亞半島中間，它在這些國家中，是領土面積最大的國家。在芬蘭境內，有很多沼澤和湖泊，人們把這裡叫做「布滿沼澤的地方」。芬蘭和挪威與瑞典有很多相似之處：海岸線上布滿峽灣，紙張和火柴是當地主要出口的物品。

另一個以「蘭」字結尾的國家是波蘭，「波蘭」的意思是「平坦的大地」。波蘭擁有肥沃的農田，以及豐富的鐵礦和煤炭資源。波蘭也是盛產世界級音樂家的國家。波蘭的南部，曾經有一個地域狹長而且名字很有趣的國家，叫做捷克斯洛伐克。我收藏一套精美的瓷器，那些瓷器上都印有「捷克斯洛伐克製造」的字樣。我不知道現在那裡是否還像以前那樣盛產玻璃器皿和瓷器，因為在1993年1月1日，捷克斯洛伐克分為兩個國家——

捷克和斯洛伐克。

在歐洲歷史上，曾經有一個很強大的國家——奧匈帝國。如今，它變成兩個獨立國家——奧地利和匈牙利。有一條和萊茵河齊名的河，經過這兩個國家，很多童話寓言和詩歌與交響曲之類的音樂作品，都與這條河有關，這條河就是多瑙河。一首著名的華爾滋圓舞曲的名字，就是用多瑙河命名，叫做《藍色多瑙河》。維也納是奧地利的首都，那裡的美食值得所有到那裡旅行的人們品嘗，那裡也誕生許多世界級的音樂家，因此也是著名的「音樂之都」。

不知道你有沒有聽過關於吸血鬼的故事？在這些國家中，有一個國家流傳許多關於吸血鬼的傳說與民間故事，這個國家就是黑海旁邊的羅馬尼亞。歷史上，羅馬人曾經佔領羅馬尼亞。因此，羅馬人根據「羅馬」，將這裡稱為「羅馬尼亞」。

在羅馬尼亞下方的保加利亞，也是在黑海旁邊，是一個山川縱橫的國家。保加利亞有肥沃的農田和廣袤的森林，熊和野豬等野生動物經常出沒在森林中。保加利亞有一種野山羊很有名，人們稱牠們為羱羊。此外，這裡還有一種酷似山羊的臆羚十分有名。你的父親用來擦洗車輛的布——臆羚布，就是得名於臆羚。最初臆羚布都是真羊皮，現在人們用其他材料代替真羊皮製作臆羚布。

除了法國之外，保加利亞的香水也很有名，這裡出產的「玫瑰香精」聞名世界。一小瓶玫瑰香精，要用一個小型溫室所產出的所有玫瑰花瓣來製作，所以玫瑰香精的價格十分昂貴。

在這些國家中，領土面積最小的是阿爾巴尼亞。阿爾巴尼亞是一個農業國家，小麥和畜牧業是當地人重要的生活來源。如果你在阿爾巴尼亞看男人穿裙子不要覺得奇怪，因為男人穿裙子是阿爾巴尼亞的傳統。這種男人穿的裙子到膝蓋，與跳舞穿的裙子相同，裙擺比較大。蘇格蘭男人也穿

裙子，只是這兩種裙子不同。阿爾巴尼亞男人的裙子一般是白色，遠遠看去，就像是廚房裡用的圍裙。

南斯拉夫是一個盛產銅礦的國家，銅的產量是歐洲第一，而且當地森林資源十分豐富。南斯拉夫與義大利之間是亞得里亞海，兩個國家遙相呼應。如果你想要在地圖上找到這個國家，只是浪費你的時間，因為這個國家已經分裂成許多小國家——塞爾維亞、蒙特內哥羅、克羅埃西亞、斯洛維尼亞、馬其頓、波士尼亞-赫塞哥維納、科索夫。所以，你再也無法在地圖上找到「南斯拉夫」。

## 【歷險手稿】——神秘的吉普賽人

羅馬尼亞有一個民族，被譽為世界上最會占卜的民族，那就是——吉普賽人。占卜是吉普賽人（尤其是吉普賽婦女）的傳統行業。吉普賽人很注重衛生，他們的敞篷車裡，永遠都有三桶水，一桶水洗食物，一桶水洗臉，一桶水洗腳。如果一個人不小心將裙角碰到碗沿，這碗食物就要立刻倒掉。如果一個人被認定為「不潔」，就會被驅逐於部族之外。

吉普賽女孩可以預知你的未來

# 第 23 章：土都會被凍起來的國家

我來說一個故事：

有一天，一個俄羅斯人在雪地駕著雪橇前行。突然，一群狼向他圍過來。於是，這個人拼命地抽打馬匹，不斷加速。狼群在後面緊追不捨，距離這個俄羅斯人越來越近，情況變得十分危急。這個時候，這個俄羅斯人拿出一些食物，向身後的狼群拋過去。狼群看見食物，立刻停下來爭搶，顧不得追趕俄羅斯人。於是，趁著狼群停下來爭搶食物的時候，俄羅斯人跑遠了。

只是，這個俄羅斯人以為已經甩掉狼群，想要鬆一口氣的時候，狼群又追上來，俄羅斯人只好再扔出一些東西。就這樣，他不斷地重複，直到食物扔完為止，狼群依然不肯罷休。

這是我小時候聽到的一個故事，但是故事的結局如何，我不知道。當我聽到這個故事時，還以為俄羅斯是一個「狼的國度」。其實不是這樣，人們大多數時候稱俄羅斯為「熊之國」。

俄羅斯是歐洲領土面積最大的國家，即使把歐洲其他國家的領土面積全部加起來，也比不上俄羅斯的領土面積大。

俄羅斯實在是太大，所以一個國家之內的氣候都不同。如果你坐火車從俄羅斯南方往北方前進，路上要不斷地添加衣服。因為俄羅斯南方氣候溫暖，俄羅斯中部地區比較冷，但是來到俄羅斯北部，地面上長年覆蓋積雪。那裡的人出行都要依靠雪橇，那裡也經常有狼群出沒。在俄羅斯北部，夏天地表的土壤解凍，但是深層的土壤仍然被凍得很硬。這樣的土

地，我們稱為「凍土」。在俄羅斯北部，通常有上千英里的凍土地帶。

既然俄羅斯這麼冷，俄羅斯人為什麼還要在這裡居住？為什麼不遷徙到更適合生活的地方？其實，剛開始人們在選擇定居點的時候，不會考慮太多因素。只要在那裡可以生存下去，人們就會在那裡建造房屋。確定一個定居點以後，最初只有很少的居民，後來慢慢地，人們像滾雪球一樣，越聚越多，於是城市誕生了。

俄羅斯北部長年被冰雪覆蓋，到處白茫茫一片，南方的土壤卻非常肥沃，土的顏色像煤一樣黑。世界上再也找不到比俄羅斯南部更肥沃的土壤，這種土壤就是我們俗稱的黑土。

黑土是一種富含有機質的土壤，俄羅斯南部的黑土好像永遠用不完，雖然人們已經在那裡耕種幾千年，但是那裡的土壤依然肥沃。據說，那裡的黑土有幾十英寸厚，美國最肥沃的土地只有幾英寸。俄羅斯人在黑土上種植大量小麥，人們把小麥磨成麵粉，加工成麵包，送往各地。所以，俄羅斯南部被稱為「俄羅斯糧倉」。

俄羅斯有歐洲最高的山和最長的河，高加索山是歐洲最高的山，比阿爾卑斯山更高。它位於俄羅斯南部，在黑海和裡海之間。許多大河的水流都很湍急，但是歐洲最長的河——窩瓦河，卻水流緩慢。窩瓦河的河水流得很慢，慢到你甚至不知道它往哪個方向流。窩瓦河裡有一種魚叫做鱘魚，我們吃的魚子醬就是用鱘魚的魚卵做成的。這種魚子醬非常昂貴，買100磅牛排的錢，也買不到1磅魚子醬。

白金是世界上最貴重的金屬之一，它與白銀長得很像，就像雙胞胎一樣。白金在世界上的儲量非常少，因此比黃金貴重。俄羅斯東部的烏拉山雖然不高，但是那裡蘊藏大量的白金。

俄羅斯還有一種叫做石棉的奇特岩石，平時我們用的布匹都是用棉花製成，但是這種叫做石棉的岩石，竟然也可以變成一縷縷細線，最後被紡

成布匹。這種由岩石紡成的布匹，具有很強的耐火性。

　　很久以前，有一位國王將一塊石棉桌布鋪在招待客人的餐桌上。餐後，國王把桌布扔進火裡，結果令眾人驚訝的是，被火燒過的桌布完好無損。後來，人們將石棉應用到管道和消防服以及房頂覆蓋物上，用來防止火災。

### 【歷險手稿】——謝肉節

　　謝肉節是俄羅斯除了新年以外，最熱鬧的節日。謝肉節在復活節以後的第八週，總共要持續七天，而且每一天都有不同的慶祝內容：第一天是迎春日，第二天是始歡日，第三天是岳母宴請女婿，第四天是狂歡日，第五天是女婿宴請岳母，第六天是小姑日，第七天是寬恕日。在這段期間，人們也會舉行各種大型活動，共同歡度節日。

穿著節日服裝的俄羅斯男人和女人

# 第 24 章：把溫度計凍得失靈的地方

我不必看你的溫度計就知道，上面的最低刻度是零下40度。而且我確定，世界上大多數水銀溫度計的最低刻度都是零下40度。為什麼是零下40度？難道沒有比零下40度更低的溫度嗎？

當然有，只是溫度降到零下40度的時候，水銀就會被凍住。溫度在零下40度以下的時候，溫度計就會無法正常顯示。所以，水銀溫度計上的最低溫度一般只標到零下40度。在世界上大部分地區，溫度計都沒有機會被凍住，但是有一個地方可以——西伯利亞。

西伯利亞屬於「熊之國」俄羅斯，在西伯利亞的北部地區，一天之內，太陽就會躲在地平線下面，再也不出來，這就是「極夜現象」。之前在講述瑞典和挪威的時候，也曾經提到這種現象。

由於西伯利亞北部到冬天沒有太陽為大地提供熱量，所以當地的氣溫在冬天經常低於攝氏零下40度，有些地方甚至會達到攝氏零下90度。如果當地的居民不把自己的身體用動物的皮毛包裹起來，根本無法度過冬天。所以，如果你要在這裡測量溫度，一般的溫度計完全沒有用，必須用一種特殊的溫度計才可以。

雖然西伯利亞北部地區的冬天會把人們的鼻子凍掉，但是到了夏天，那裡卻非常熱。那裡夏天的溫度，可以達到攝氏32度以上。

其實，不是整個西伯利亞都是那麼寒冷，西伯利亞中部地區不會特別寒冷，這裡有茂密的森林。在森林中，可以看到狐狸、狼、紫貂等野生動物。貂是一種有漂亮厚實毛皮的小型野生動物，牠全身雪白，非常注重乾

淨，皮毛上總是一塵不染。牠的皮毛非常保暖，許多獵人用牠的皮毛來做衣服禦寒，一件衣服需要很多貂皮才可以製成。

西伯利亞的南部地區有世界上最長的鐵路——西伯利亞鐵路。這條鐵路的一端在海參崴，另一端在俄羅斯的莫斯科。如果有人從起點坐到終點，他要花費兩個星期的時間。

一位穿著貂皮皇袍的國王

西伯利亞大多數人都住在鐵路沿線，但是村鎮通常距離鐵路很遠，因此當你坐火車前進時，很有可能連續幾百公里看不到任何建築。當地的火車燃燒木材而不是煤，木材堆在鐵路兩邊以供火車添加。火車在行駛過程中，會在固定的地點添加木材，就像公路上有固定的加油站一樣。

### 【歷險手稿】——近在眼前，卻又遠在千里

你覺得西伯利亞距離美國有多遠？5000英里？10000英里？不，沒有

那麼遠，從阿拉斯加到西伯利亞只有50英里左右，打個盹的時間就到了。為什麼我們會覺得這兩個地方距離很遠？因為它們之間被狹長的白令海峽隔開。有些人說，在阿拉斯加和美國生活的印第安人和因紐特人，很久以前來自中國，所以他們在外表上看起來很像中國人。

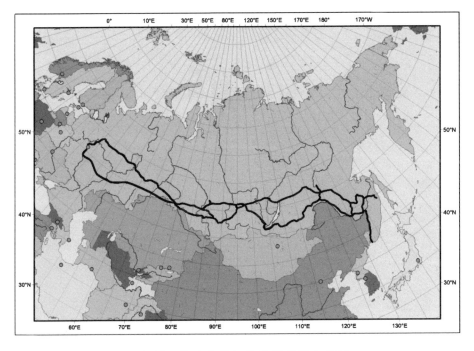

西伯利亞鐵路與貝阿鐵路構成的交通網

挪威北部最大城市特羅姆瑟，位於北緯69度，極夜現象非常明顯

# 第二篇：亞洲

# 第 25 章：尋找亞洲之旅

在很久以前，歐洲人總是認為自己站在地球的中心，因為他們不認識歐洲以外的民族。當希臘的英雄們用長矛與弓箭攻打敵人的城邦時，東方人已經用自己的智慧創造輝煌的歷史。當然，歐洲人不知道這一點。這種情況一直到耶穌誕生以後的1300年才改變。

當時，一個名叫馬可‧波羅的人，從遙遠的東方帶回許多閃亮的珠寶與黃金。這個時候，他的家鄉同胞才知道，東方有一個國家比羅馬帝國更富有。在那裡，一個貴族的妻子竟然可以擁有兩條以上的絲綢睡裙，當時拜占庭帝國的皇后只有一雙絲製的襪子。

事實上，馬可‧波羅不是第一個到達東方的人，很多東方的神奇事物也不是由他帶到歐洲。在馬可‧波羅到達東方以前，許多擁有經商頭腦的希臘人為了與遠方的人們進行貿易，經常帶領商隊在亞洲的沙漠與高山來回穿梭，他們或許比馬可‧波羅更熟悉亞洲的地形與風土人情。但是，希臘商人對那裡的瞭解究竟有多少？或許還不如印第安人對一個白人將軍瞭解。

軍隊也會幫助我們更瞭解亞洲。確實，戰爭就像一支鋒利的寶劍，它會傷害許多人，但是有時候，戰車經過的地方也可以為我們收穫一些知識。例如：當波斯人進攻希臘的時候，當十字軍一次又一次東征的時候，軍隊裡的士兵經過亞洲的許多地方，看到許多不同的民族。或許當時的士兵不知道自己經過的地方叫做亞洲，但是無論如何，戰爭結束以後，這些士兵把自己在亞洲的見聞帶回家鄉，告訴家鄉的同胞，所以歐洲人透過這

些士兵，對亞洲有進一步的瞭解。

另一種承擔瞭解亞洲責任的人是「使團」。使團就像現在的外交官，他們會到各國訪問。當時，歐洲統治者們喜歡派遣使團到東方，例如：羅馬皇帝馬可・奧里略，他非常喜歡聽使團從神秘東方帶回的新奇故事。就像你喜歡聽父母說故事，羅馬人對這些神奇的東方傳說也是癡迷不已。

但是，無論是士兵還是使團，他們帶回來的故事沒有讓歐洲人對亞洲產生更多的瞭解。那個時候，如果一個歐洲人可以說出「巴勒斯坦在死海的西岸」，他一定會在亞洲知識競賽中獲勝。真正讓人們對亞洲產生深刻認識的人，是一位名叫魯斯蒂卡羅的比薩市民。

但是我這樣說，有些對馬可・波羅不公平，因為魯斯蒂卡羅只是將馬可・波羅對亞洲見聞集合起來，然後編出《馬可・波羅遊記》。這本書在歐洲成為當時的暢銷書，正是透過這本書，歐洲人對亞洲產生深刻認識。因此，確切地說，是馬可・波羅將亞洲帶進歐洲人的生活。

《馬可・波羅遊記》就像一本探險指南，引起歐洲人對亞洲的強烈興趣。許多歐洲的探險家，幻想可以和馬可・波羅一樣，到那個遍地黃金並且空氣中瀰漫各種香料氣味的國家。於是，一場尋寶冒險開始了。歐洲人彷彿在比賽誰最先到達，紛紛開始尋找通往東方的便捷道路。

在這場比賽中，葡萄牙人和西班牙人的表現比較好，他們最先發現一條從西向東到達印度的海路。沿著新開闢的航線，那些早期的先行者們，逐漸為歐洲人揭開亞洲的神秘面紗。

## 【歷險手稿】——亞洲

亞洲的面積4400萬平方公里，是世界上最大的洲，地跨東半球和西半球，擁有寒、溫、熱三個氣候帶，世界上60%以上的人都生活在這片廣袤

的土地上。東面的太平洋、北面的北極海、南面的印度洋，把亞洲大陸環繞其中。在亞洲大陸的西面，有烏拉山脈、烏拉河、裡海、高加索山脈。習慣上，人們把亞洲分為東亞、東南亞、南亞、西亞、中亞、北亞。

# 第 26 章：星星遺落的地方

昨天，我發現九歲的侄兒又長高了。小讀者們，你們是不是也經常讓爸爸媽媽為你們量身高？你們看著牆上逐漸往上的身高刻度，一定覺得很興奮。我相信，你們一定長得很快，因為你們正是在生長的時候。現在，我要為你們介紹一座山，它也是不斷地在長高。

山確實也會長高，只是不像你長得那麼明顯。可能在幾十萬年的時間裡，它才會長高1公分。我要介紹的這座山叫做喜馬拉雅山，它在世界上所有的山中，是身高最高的那個，可是它仍然不滿足，還在不斷地往上長。其實，像喜馬拉雅山這樣對自己身高不滿意的山脈還有許多，南美洲的安地斯山也在努力地長高。

喜馬拉雅山很顯眼，我們翻開亞洲地圖，在地圖上可以看到亞洲的「中央高地」。這塊中央高地比周圍其他地方更高，就像一塊高台豎立在廣場上，喜馬拉雅山就在這個高台所在的地方。在中央高地上，除了喜馬拉雅山之外，還有其他許多山脈。雅布洛諾夫山脈、杭愛山脈、阿爾泰山，天山排列在中央高地上，就像許多項鍊排列分布在這裡。

如果我們擠壓自己的皮膚，皮膚就會隆起，形成一個小折疊，就像長出一座「山」。亞洲中央高原的山脈形成，與這個情況有些相似。火山爆發的時候，地球的「皮膚」——地殼就會扭曲和折疊，因此形成山脈。

在這些山脈的周圍，還有其他一些地方，例如：西面的遼闊平原，東面的戈壁沙漠和蒙古高原。現在，我要特別向你們介紹一個地方——帕米爾高原。

從地圖上看，帕米爾高原就像一個巨大繩結。喜馬拉雅山、天山、崑崙山、喀喇崑崙山、興都庫什山就像五條巨大繩子被打在一起，帕米爾高原就是它們的繩結。這種模樣看上去也有些像古老房屋的屋脊，所以「帕米爾」在塔吉克語中，也有「世界屋脊」的意思。

　　雖然擁有許多高大的山脈，但是如果有人說帕米爾高原是這一帶最高的高原，一定會有人出來反駁他：「青藏高原才是亞洲中央最高的高原！」沒錯。青藏高原不僅是亞洲最高的地方，也是世界上最高的地方。所以，走在青藏高原上的人，就像住在我們樓上的鄰居，在我們頭頂上走路。

　　但是，不是所有人都可以在這樣高的地方生活。曾經有一個美國人在墨西哥高原待上一個星期，那個星期簡直成為他的噩夢，因為他在那裡每走一段路就要停下來休息。墨西哥高原的高度對生活在青藏高原上的人們而言，真是不值得一提。生活在青藏高原的人們，可以在青藏高原上背著沉重物品爬山。要知道，青藏高原比墨西哥高原更高。

　　青藏高原上經常刮著強烈的風，而且一年有大半的時間都在下雪。每到下雪的時候，這裡冷得就像阿拉斯加。在這樣艱苦的生存條件下，卻有超過200萬人生活在這裡。

　　如果我們為世界上所有山脈舉辦身高比賽，在青藏高原南部的喜馬拉雅山一定是冠軍，因為它最高的地方有8800多公尺。相比之下，歐洲宏偉的阿爾卑斯山脈，就像花園裡拱起的小土堆。

　　雖然阿爾卑斯山比喜馬拉雅山矮，但是它卻比喜馬拉雅山老。阿爾卑斯山有180000000歲，這麼多個零，你們一定暈頭了。讓我換一個簡單方式告訴你：阿爾卑斯山有一億八千萬歲，真是一個很老的老人。雖然喜馬拉雅山也有幾百萬歲，但是在這樣年長的阿爾卑斯山面前，喜馬拉雅山只是一個年輕小夥子。

山脈在很多時候是國家與國家的分界線，它們就像一道天然的屏風，把不同的國家分開。喜馬拉雅山是中國與尼泊爾的分界線，它就像慈祥的母親，溫柔俯視大地上的人們，並且給那裡的人們帶來泉水與牧草。但是，如果有探險者想要征服它，喜馬拉雅山又像威嚴的父親，為這些探險者設置重重考驗。難以逾越的高度，陡峭的懸崖，終年不化的冰雪，狂暴的風雪，一直以來都是這些探險者樂於挑戰的難關。現在已經有許多人征服喜馬拉雅山，將來也會有更多人來這裡挑戰。

讓我們向西走，那裡還有一些高原。這些高原與帕米爾高原和青藏高原一樣，就像天上遺落的星星分布在亞洲大陸上，例如：伊朗高原、阿拉伯高原、亞美尼亞高原、安納托利亞高原。曾經有許多民族在這些高原地區創造輝煌文明，例如：在伊朗高原上，曾經存在尼尼微人、巴比倫人、波斯人，他們都曾經在這裡創造文明。

伊朗高原的位置非常重要，它就像歐洲與亞洲的十字路口，連接兩個大洲之間的貿易路線，例如：阿富汗地區在古代絲綢之路上，它在群山之中，為商人的牧民提供便利的通道。由於伊朗高原地理位置的重要性，這裡成為許多人爭奪的地方。直到今天，這裡依然容易爆發戰爭。

雖然伊朗高原上曾經有輝煌文明，但是這裡卻沒有一條像樣的河流，反而有一片巨大的沙漠，就連亞歷山大大帝最英勇的士兵都曾經在這片沙漠裡迷路。亞洲有許多巨大的河流，只是它們似乎不願意到這片區域。這些有名的河流，集中在帕米爾高原和青藏高原。

在這些河流之中，有一條河很有個性。當其他河流都沿著高山河谷奔流而下時，它卻沿著喜馬拉雅山向上流。它倔強地由西向東，穿過高聳的青藏高原，然後任性地轉個彎，調頭繼續前進。它經過中國、印度、孟加拉，然後在距離自己的發源地大約2900多公里的地方，與一條名叫恆河的大河匯合，一同流入孟加拉灣。這條有個性的河流，在中國被稱為「雅魯

藏布江」。它進入印度的時候，被印度人叫作「布拉馬普特拉河」。到了孟加拉，它又有一個新名字——「賈木納河」。

亞美尼亞高原和安納托利亞高原與伊朗高原一樣，在連接歐亞大陸的十字路口上。當年，一個印度人或是中國人想要前往希臘，與那裡的人們進行貿易，一定要在這裡中途轉換。正是因為這些貿易，人們的交流越來越頻繁，歐洲人越來越多地瞭解亞洲。

## 【歷險手稿】——雅魯藏布大峽谷

布拉馬普特拉河在中國境內被稱為雅魯藏布江，雅魯藏布江穿過一條峽谷，那是地球上最深的峽谷——雅魯藏布大峽谷。

雅魯藏布大峽谷長達500多公里，最深的地方有6009公尺。在峽谷裡，冰川、絕壁、陡坡與奔騰的江河交錯在一起。由於這裡的地形環境十分險惡，就連地質學家也無法在這裡展開更多調查，因此這裡也被稱為「地球上最後的秘境」。

即使如此，我們對這片地球秘境仍然有所瞭解，這裡有茂密的森林和高山灌叢草，也有水獺、石貂、雲豹、雪豹、熊貓、穿山甲、鼯鼠、紅嘴相思鳥等各類珍奇野生動物，是野生動物的家園。

# 第 27 章：迷戀新月的土耳其

相傳，宙斯愛上一個叫做歐羅巴的凡間女子。但是，宙斯不能和凡人戀愛，於是他變成一頭白牛，帶著歐羅巴逃走了。白牛行走很遠的路程，牠帶著歐羅巴翻過高山，又游過一條海峽，最終踏上一片從來沒有人到過的土地。後來，人們用歐羅巴的名字來命名這塊土地，把這裡叫做「歐羅巴」，這就是歐洲大陸。白牛游過的海峽，就是現在的「博斯普魯斯海峽」。

當然，不是所有人都相信歐洲的名字出自以上說的神話。有些人認為，「歐洲」的本意是「太陽下山的地方」。

後來，人們在傳說中歐羅巴上岸的地方建立一座城市。一千年以後，東羅馬帝國的皇帝君士坦丁將首都從羅馬遷到這裡，這座城市也因他而得名——君士坦丁堡。

在君士坦丁堡城外，曾經發生一場激戰。當時，君士坦丁堡裡住著土耳其人。有一天夜裡，敵人想要趁著沒有月光的時候，偷襲君士坦丁堡裡的土耳其人。就在敵人即將成功的時候，一彎新月穿出雲層，月光透過雲層

宙斯變成一頭白牛，載著歐羅巴狂奔

縫隙照射下來。這樣一來，守城的衛兵就發現敵人的蹤跡。於是，警鐘被敲響，城市保住了。從此，土耳其人就在他們的廟宇上放置一個月牙的標誌。

現在，君士坦丁堡依然保留世界上最宏偉的教堂。早在土耳其人佔領君士坦丁堡以前，它就矗立在城裡。這座教堂在希臘語中被稱為「聖索菲亞大教堂」，又稱為「聖賢大教堂」，「索菲亞」是「聰明」的意思。

其實，在土耳其人的稱呼中，君士坦丁堡不是叫做君士坦丁堡，而是叫做「伊斯坦堡」。你也許會抱怨城市的名字為什麼總是更改，而且越改越長，根本無法記住。雖然「君士坦丁堡」這個名字比「伊斯坦堡」更久遠，但是現在的名字——伊斯坦堡，更為人們所熟知。因此，我有義務把這個名字告訴你。「君士坦丁堡」之前叫做什麼名字，我就不說了，以免你們被我弄糊塗。

接下來，我們就來說說土耳其。

你對土耳其這個名字一定不會陌生，感恩節和聖誕節那天，我們都會和家人一起吃火雞。「火雞」的英語單詞與「土耳其」的英語單詞是相同的。

土耳其是一個很年輕的國家。在君士坦丁堡，也就是現在的伊斯坦堡建立以後的一千年，土耳其人才開始統治這片土地。

聖索菲亞大教堂

當時，土耳其的統治者被稱為「蘇丹」，他的權力很大，他說的話就是法律，無論對錯，人們都要無條件遵從。現在的土耳其是一個民主國家，除了總統之外，還有其他由人民選舉出來的人和總統一起管理國家。

土耳其人的著裝風格也發生變化

土耳其的海岸線上，有一個形狀很像牛角的海灣，它在博斯普魯斯海峽裡，名字叫做「金角灣」。金角灣上有一座橋樑，叫做「加拉塔橋」。在前文，我已經跟你們講述很多有名的大橋，例如：倫敦橋、里阿爾托橋、維奇奧橋。現在我要說的加拉塔橋，是世界上年代最久遠的大橋之一。如今，它依然可以供人們和車輛通行。經過這座橋的人，國籍、膚色、衣著、語言都不同。

## 【歷險手稿】——梅杜莎的眼睛

我們經常聽到人們說「藍色土耳其」。為什麼是藍色，而不是紅色或其他顏色？在這裡，藍色不是大海的藍，而是「藍眼睛」的藍。

「藍眼睛」就是「梅杜莎之眼」。梅杜莎是希臘神話的一個女妖，傳說她有一種魔力，可以讓所有直視她眼睛的人變成石像。土耳其人相信

梅杜莎之眼可以抵擋和反射邪惡，所以他們將「藍眼睛」戴在身上，裝飾在建築物上，縫製在衣服上……只要是人們可以接觸的東西，就有它的蹤影。

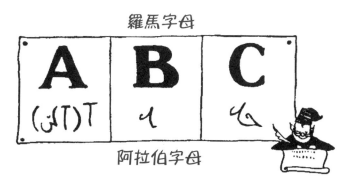

土耳其文字已經發生改變

# 第 28 章：消失的國家

　　現在的土耳其，一部分在歐洲，一部分在亞洲。土耳其的亞洲部分，有一個地方叫做「安納托利亞」。這又是一個複雜的名字，幸好它還有另一個簡單又好記的名字——小亞細亞。還記得亞洲的全稱嗎？對，亞細亞。小亞細亞是亞洲的一個角落，它在博斯普魯斯海峽的東側。

　　雖然小亞細亞和歐洲大陸在陸地上不相連，但是博斯普魯斯海峽與達達尼爾海峽卻距離歐洲很近。博斯普魯斯海峽平均寬度只有半英里，達達尼爾海峽最窄的地方有一英里，很多人都可以游過去。如果世界上存在巨人，他也許一步就可以踏到歐洲的土地上。

　　在很久以前，小亞細亞曾經是世界上最繁榮的地方。這片土地上的人們，創造許多令人驚歎的文明與奇蹟。在「世界七大奇蹟」中，就有三個奇蹟在小亞細亞。

　　第一個奇蹟是建在以弗所的月亮女神廟——黛安娜神廟。當時，那裡的銀匠們專門以仿製女神像維持生計。第二個奇蹟是一名叫做阿爾特米西亞的女王為丈夫修建的陵墓，它曾經是世界上最宏大的陵墓，如今只剩下一片廢墟，讓人不禁哀歎。第三個奇蹟在小亞細亞附近的羅德島上。據說，那裡曾經有一座將近十層樓高的太陽神銅像，我們將其稱為「羅德島神像」。後來，一場地震將神像震成碎片，商人們把那些碎片全部買走。

　　小亞細亞以往的風光已經不存在，那些偉大的建築都變成廢墟。現在，那裡除了一些大城市，其他地方的房屋都用泥土壘砌而成，模樣看起來十分簡陋，沒有窗戶，只有門板，屋頂上雜草叢生。

土耳其的首都是安卡拉，安卡拉有一種很奇特的山羊，牠的羊毛又長又光滑，可以用來做地毯或披肩，你在美國也可以買到這些東西。用這種羊毛做成的衣服又輕又涼爽，在夏天穿也不會感到悶熱，馬海毛衣服的原料就是來自這種羊毛。

小亞細亞境內，流淌一條彎曲的河，從地圖上看，它忽左忽

羅德島雕像

右，忽上忽下，好像沒有方向，因此人們把它叫做「曲流河」。在曲流河經過的山谷裡，到處都是無花果。小亞細亞也盛產椰棗，當地人用駱駝裝著無花果和椰棗，來到在地中海海濱的伊茲密爾。無花果和椰棗就在這座美麗城市上船，然後運送到其他地方。

在伊茲密爾，還有一種東西也跟著上船，那就是——海綿。海綿在小亞細亞沿岸的海底經常看到，採海綿的人要潛到海底，把長在岩石上的海綿帶上來。

## 【歷險手稿】——喜歡洗浴的土耳其人

土耳其人非常重視身體清潔，所以從中世紀開始就有公共浴池。當時，人們把公共浴池叫做「哈曼」。在當地，洗哈曼不像現在這樣平常，而是一件大事。男人在入伍和結婚以前，都要將身體清洗乾淨。

# 第 29 章：遺落在人間的伊甸園

多年以來，人們一直在尋找《聖經》記載的伊甸園。有些人認為，幼發拉底河和底格里斯河交匯的地方就是伊甸園。但是，你到那裡之後一定不敢相信，這裡就是伊甸園的位置。這裡除了河水氾濫留下的泥巴以外，什麼花園也沒有，再加上長期乾旱，土地已經全部裂開。

即使如此，仍然有許多人相信，這裡就是《聖經》記載的伊甸園。他們甚至認為，當地的一棵蘋果樹就是亞當和夏娃碰過的那棵樹。

後來，又經過許多人研究發現，幼發拉底河與底格里斯河之間的山谷，曾經發生一次毀滅世界的洪水，洪水淹沒山谷。這條山谷的名字叫做「美索不達米亞」，「美索」是「在……之間」的意思，「不達米亞」的意思是「河流」，「美索不達米亞」的含義是「在河流之間」。現在，那裡誕生一個新的國家，你可以在地圖上找到這個國家——伊拉克。

在很久以前，底格里斯河和幼發拉底河畔各有一座城市，一個叫做尼尼微，在底格里斯河的上游；另一個在幼發拉底河的下游，叫做巴比倫。它們早在耶穌出生之前，就是規模巨大的城市。無論是尼尼微還是巴比倫，輝煌宏偉的宮殿和建築都曾經是那裡的驕傲。後人視為「世界七大奇蹟」之一的「空中花園」，就在古巴比倫城。但是現在，這兩座城市先後變成廢墟，因此我用「曾經」來做修飾。

現在，底格里斯河流域有兩座新興的城市，摩蘇爾是其中之一，麥斯林紗布就是產自那裡。20世紀初期，摩蘇爾地下豐富的石油資源被發現，那裡的石油足夠全世界的汽車使用很長時間。為了把石油運送到歐洲和美

國，人們在摩蘇爾當地的油井和地中海之間鋪設縱橫交錯的運油管道。油輪在地中海西岸的港口裝油以後，駛往各地。

摩蘇爾城內有很多清真寺，其中一座最大的清真寺外面，有一座斜著的光塔，讓人們聯想到比薩斜塔。當地人傳說，這座塔之所以變斜，是因為穆罕默德經過光塔，光塔為表示敬意，向穆罕默德鞠躬敬禮，結果從此就變成斜的。

有些人說他們找到伊甸園

巴格達是底格里斯河畔另一座新興的城市，走在巴格達的街道上，看著當地人的臉孔，一定會聯想到《一千零一夜》的人物。

巴格達夏天的最高氣溫，曾經達到華氏125度（相當於攝氏51.6度。華氏溫度＝32＋攝氏溫度×1.8）。很少有人可以忍受華氏100度（相當於攝氏37.8度），我們根本無法適應巴格達那種酷暑。

第一次世界大戰以後，戰勝國英國接管伊拉克，所以巴格達也在英國人的勢力範圍內。後來，有一些英國人搬到巴格達，但是他們不適應這裡的生活，於是帶來許多原本巴格達沒有的東西，用來改善那裡的環境和生活方式，使自己可以生活得更好。

他們在巴格達修建一條嶄新的街道，俗稱「新街」。此外，當時的伊拉克人沒有看過的電燈和製冰廠，也開始在巴格達出現。英國人在伊拉克扶持一個國王，將伊拉克變成君主制國家。現在的伊拉克，已經是一個獨立的國家。

### 【歷險手稿】——在乎雙手的伊拉克人

伊拉克人吃飯的時候，一般不用刀、叉、勺等餐具，而是習慣用右手抓飯入口。伊拉克人忌諱用左手傳遞東西以及吃東西，因為他們認為左手很骯髒，用左手傳遞東西是在侮辱對方。他們也忌諱客人在赴宴用餐完畢以後，沒有及時洗手告辭，因為這樣一來，會給人們貪吃的印象。

請你找出阿里巴巴和四十大盜

# 第 30 章：綠洲上的阿拉伯人

　　有這樣一個地方，它雖然被大海包圍，有很多水，但是這些水卻不能飲用，這裡的大多數地方都是沙漠，這個地方就是阿拉伯——阿拉伯人的故鄉。在那裡，人們只能生活在沙漠中的「綠洲」。面對這裡惡劣的天氣，也許只有駱駝才可以忍受。所以，富裕的阿拉伯家庭會飼養駱駝，有些家庭也會飼養綿羊和山羊或馬。阿拉伯馬的體型略微小於普通馬，但是跑起來卻很快。很多人認為，阿拉伯馬是世界上跑得最快的馬，美國有些賽馬就是阿拉伯馬。

　　阿拉伯人很喜歡在晚上聽故事。據說在很久以前，有一個阿拉伯國王每天都娶一位新王后，然後在第二天早上把她們處死。有一天，國王又娶一位新王后，這位王后在新婚之夜給國王說一個故事，國王對這個故事完全著迷。可是，當故事發展到關鍵時刻，王后不再繼續說下去，她對國王

阿拉伯人的馬和羊

說：「只要你不處死我，我就繼續說故事給你聽。」

　　國王為了聽故事，立刻答應王后。就這樣，王后每天說故事給國王聽，每次都說到關鍵時刻停下，故事說了一千零一天。這個時候，國王知道自己無法離開王后的故事，於是他們幸福地生活在一起，這就是我們熟知的《一千零一夜》。

　　現在，我們來說說阿拉伯邊境的紅海。

　　紅海雖然叫做紅海，但是它的海水不是紅色的。紅海的海水，就像地中海一樣蔚藍。從前紅海和地中海之間有一塊陸地，後來被人們開鑿成為人工運河，那塊陸地就變成「蘇伊士地峽」，那條運河就叫做「蘇伊士運河」。

　　蘇伊士運河是全世界最重要的運河之一，在它開通之前，歐洲人要到亞洲，一定要乘船繞過非洲大陸，這段旅程既漫長又危險。在蘇伊士運河開通以後，人們不必繞過非洲大陸就可以到達亞洲，所以蘇伊士運河被稱為通往東方國家的水上要道。但是，這條在埃及境內的蘇伊士運河曾經由英國掌管，後來在埃及人民強烈要求之下，埃及人在1956年從英國人手中收回這條運河。

　　在紅海旁邊，有一個叫做亞丁的城市，它是世界上最乾燥的城市。亞丁經常幾年不下雨，那裡沒有河流與湖泊和泉水，人們無法依循正常途徑獲得飲用水。於是，人們發明一種方法來獲得淡水。人們先將海水煮沸，然後將蒸發的水汽收集起來裝進水罐裡。水蒸氣在水罐裡冷卻以後，就會變成淡水。

　　亞丁以前也是由英國掌管，英國可以決定誰可以通過紅海。1967年，葉門共和國獨立之後，收回亞丁主權，並且把它定為國家首都。這樣一來，大西洋和印度洋之間就有三條水上通道，它們都曾經屬於英國，分別是：直布羅陀、蘇伊士、亞丁。

## 【歷險手稿】——喜愛白色的阿拉伯人

因為白色有反射陽光的作用，吸熱比較少，所以阿拉伯人很喜歡白色。他們不僅把很多建築物修建成白色，男人的傳統服裝也是白色。但是那裡的婦女不穿白色衣服，而是戴著黑色面紗，黑紗上只留兩個小孔露出眼睛，身體其他地方都被包裹得密不透風，但是現在這種習慣已經有所改變。

從巴格達到麥加的路上都鋪上地毯，有幾百英里長

# 第 31 章：提到地毯，你會想到哪裡？

你也許看過野貓或是家貓，但是不一定看過波斯貓。波斯貓是一種體型很大的貓，牠的模樣非常漂亮，並且有又厚又軟的毛，波斯貓的家鄉在波斯。

波斯曾經是世界上最強大的國家，但是現在很少有人知道波斯的正確位置在哪裡，地圖上也沒有「波斯」這個地方。這是因為：「波斯」是以前的說法，現在的說法是「伊朗」。

「波斯」這個詞彙似乎距離我們很遙遠，可是細心觀察周圍就可以發現，原來在我們的身邊屬於那裡的東西很多。例如：我家的羊毛地毯，上面有美麗的圖案。我想，波斯故事的神奇「魔毯」，一定跟它長得很像。這塊地毯由手工製作而成，製作這樣一塊地毯，需要幾年時間甚至更久。有一些波斯人，用一輩子時間才可以完成一塊地毯。

再看看我妻子的身上，她的絲綢披肩和戒指寶石，還有她非常喜歡的香水，都是來自波斯。那條美麗的披肩，也是波斯人手工製成。古代波斯人也養蠶，人們把蠶絲染成五彩繽紛的顏色，就可以編製各種美麗的圖樣。我妻子習慣用的香水是一瓶玫瑰精油，是波斯人用當地盛產的玫瑰花瓣製作而成。

我身上也有許多東西與波斯有關。我的領帶夾上有一顆名貴的珍珠，這顆珍珠出自波斯灣所產的牡蠣。我的拖鞋，以及書桌上一盞名叫馬茲達的檯燈，還有我喜愛的一本波斯人寫的書《魯拜集》，都與波斯有關。就連我們喜歡吃的瓜和桃子，原產地也是波斯。我沒有飼養波斯貓，否則我

家裡來自波斯的東西就全部湊齊。

波斯貓

其實，波斯人不會把自己叫做「波斯人」，他們把自己叫做「帕西人」。他們有自己崇拜的神，也就是太陽，因此之前的伊朗國旗上有太陽和象徵力量的獅子。當時的人們相信，只有光明的東西才是良善和正義的，例如：星辰、月亮、火焰。現在大多數的伊朗人都信仰伊斯蘭教。

伊朗的地形環境非常奇特。在那裡，部分地區土壤肥沃，適合種植，但是部分地區是沙漠，環境相當惡劣。伊朗的河流，也與世界上大多數河流不同。其他河流都是越流越寬，伊朗的河流正好相反，它們越流越窄，直到完全乾涸。伊朗有很多高山，山上流下的雪水會變成溪水，但是溪水流到最後也會乾涸，根本不見河口的蹤影。

在古代，波斯的統治者叫做「沙阿」。他的權力無限大，只要是他的命令，就要完全服從。他還可以隨意處死自己不喜歡的人，但是現在這種情況已經完全改變。

波斯盛產寶石，德黑蘭有全世界最著名的寶座——「孔雀寶座」。「孔雀寶座」用純金打造，寶座後方鑲滿各種寶石，形狀酷似孔雀羽毛。波斯大多數珠寶都是來自地下，例如：鑽石、紅寶石、綠寶石。然而，有一種珠寶卻是來自水中，那就是——珍珠。

沙子如果進入牡蠣中，經過幾年的時間，就會變成珍珠。採集珍珠的過程非常辛苦，採珠工人要憋氣潛入水中，然後再出來，換氣以後再潛入。這種工作非常危險，因為長時間潛入水中容易血管破裂。除此之外，工人還有被毒魚咬傷的危險。如果被毒魚咬傷，工人很有可能中毒身亡。

然而，正是有這些可敬的人們進行如此危險的工作，波斯灣才可以產出世界上最有價值的珍珠。

### 【歷險手稿】———邊喝酒一邊論事的族人

波斯人非常喜歡喝酒，討論事情也是在喝酒的時候進行。有時候，人們會在隔天酒醒的時候，再做出決定。如果大多數人仍然同意昨天晚上的討論結果，這個決定就可以通過。如果不同意，人們就會把這個決定暫時擱置。

撈牡蠣的人

他憋氣的時間是你的兩倍

# 第 32 章：與美國相對的地方

　　在我居住的地方，有一條奇特的街道，它不是用磚頭鋪成的，而是用玻璃做成的。在這條街道的下面，是一家超級市場。街道上的行人，低頭就可以看到在超級市場買東西的人。在超級市場買東西的人，抬頭也可以看到街道上的行人。根據這個奇特的設計，我們可以想像一下，如果地球也是用玻璃做成的，就像街道上的行人低頭就可以看到在超級市場買東西的人，我們低頭也可以看到地球對面的人，這是一件多麼不可思議的事情。

　　如果一個美國人想要沿著緯線繞地球一圈，當他走到一半的時候，會遇到一個名叫印度的國家。從這裡再繼續走一半的距離，就會回到美國。

　　有一次，我和一個朋友分別從美國向西和向東前往印度，我們同時在美國啟程，最後相會於印度。當我到達一個叫做加爾各答的地方時，他正好站在碼頭上迎接我。在加爾各答，我們曾經購買一種印花布料，這種布料叫做「卡利卡」（calico），得名於它的原產地——科澤科德（Calicut）。

　　每個人腦海中所想的印度人，大概會是這個模樣：臉上和身上塗滿顏料，頭上插著彩色羽毛，手裡揮舞印第安戰斧。但是，這些都是美國印第安人的特徵，印第安人屬於蒙古人種，是白種人來到美國之前，這片土地上的原住居民。印度人屬於歐羅巴人種，與美國人的人種相同，印度的人口是美國的四倍。人們為什麼會把印第安人當作印度人？

　　當年，哥倫布為了尋找新大陸而航海出發，但是他把自己到達的美

洲大陸當作印度，於是把那裡
的人叫做「印第安人」。很久
之後，人們才知道那裡不是印
度，而是一片全新未知的土
地。

喜馬拉雅山脈是世界上最
高的山脈，這條山脈把印度與
北部的亞洲其他國家隔開。在
喜馬拉雅山脈中，有一座世界
最高峰——聖母峰。

加爾各答出產的印花布料——卡利卡

聖母峰高29029英尺，大約
8848.43公尺。聖母峰頂部終年覆蓋冰雪，從來不會融化。雖然聖母峰非常
高，之前沒有人登上山頂，但是人們卻很早就知道聖母峰的高度。知道這
是怎麼回事嗎？原來，有一位英國工程師可以站在地面上就測量出很多東
西的高度，無論被測量的物體是一棵樹還是一座教堂，甚至是一座山峰。

很多人嘗試攀登到聖母峰的頂端，但是很多人都失敗了，甚至有許多
人在登山過程中失去生命。因為山頂的海拔太高，空氣非常稀薄，所以人
們每走一步，就要停下來呼吸很多次，就像氣喘吁吁呼吸的小狗。所以，
登山者必須帶著瓶裝的氧氣才可以正常呼吸。

1933年，有兩個英國人爬到以前別人從來沒有到過的高度，距離山頂
只有幾百英尺，花費他們幾個星期的努力。然而，就在他們即將成功登頂
的時候，一大片積雪突然崩塌，將他們永遠埋在下面。在當地人之中，流
傳一個傳說：在聖母峰的頂部住著一位女神，她不允許別人靠近山頂，誰
如果試圖登頂，就會受到女神的懲罰，甚至面臨死亡。直到1953年，有兩
個人從聖母峰的東南山脊成功登頂，才打破這個傳說。

喜馬拉雅山脈的另一端是一個非常漂亮的山谷，詩人經常稱它為「溪谷」，那就是著名的「喀什米爾溪谷」。這裡有澄清幽靜的湖泊和白雪皚皚的山峰，以及全世界最美麗的玫瑰，簡直就是人間的天堂。這裡比底格里斯河和幼發拉底河之間的空地更適合「伊甸園」的稱號。

## 【歷險手稿】——印度人的特殊習慣和禁忌

習慣：

1. 印度人在聊天的時候，頭經常會向左或右點一下，表示「沒有問題」的意思。

2. 當地人習慣以橋樑、寺廟、市集做地標，所以印度大部分地區都沒有門牌地址。

3. 在印度人家裡吃飯，通常是由男主人作陪，女主人不會出現在同桌吃飯。

4. 印度人習慣右手抓飯吃，左手放在背後。

聖母峰是世界上最高的山峰

禁忌：

1. 印度人最忌諱用左手傳遞物品。

2. 印度人認為頭部是神聖的，所以不要輕易摸一個印度人的頭。

3. 進入宗教寺廟和古蹟都要脫鞋，最好不要穿短褲或短裙。

# 第 33 章：永遠不會獵殺大象的國家

　　印度由很多不同的州組成，這一點和美國很像。印度的每個州都有自己的首領，他們被稱為「拉甲」。很多拉甲不稱職，他們不管州內的事務，只知道搜刮財物和貪圖享樂。他們以各種形式收集珠寶，無論是用買的還是搶的。在臣民面前或是列隊行進的時候，拉甲就會佩戴像核桃那麼大的珠寶，坐在大象的背上，炫耀自己的光彩。

　　在印度，如果有人殺一隻大象，將會受到嚴厲的處罰。因為在印度，大象是神聖的動物，任何人都不可以射殺牠。因此，在捕捉大象的時候，人們想辦法將牠活捉，而不能傷害牠。

　　印度人發現野生大象的時候，會先設下圈套，然後在大象周圍製造很多噪音。大象非常討厭噪音，當牠聽到這些刺耳聲響時，就會來回走動。這樣一來，稍微不注意，牠就會走進人們的圈套中。

　　大象走進圈套的時候，人們會用圍欄把牠圍住，再想辦法把牠抓住。這項工作非常危險，稍微不注意，就會被大象踩死。但是，大象是非常溫順的動物，如果被馴服以後，牠會為人們做很多事情。例如：牠會用自己的長鼻子，捲起人們無法拿起的重物，幫助人們運送物資。

　　讓我們說回拉甲。除了喜歡寶石以外，拉甲還喜歡去印度叢林中獵殺老虎。拉甲獵殺老虎的方法很特別，他們每次獵殺老虎的時候，都會帶著幾百名僕人，然後讓僕人在樹上搭建一個平台，接著命令僕人去叢林裡把老虎引過來。老虎出現以後，拉甲和他的朋友們就用箭射死老虎，扒掉老虎的皮，帶回去做成壁畫等裝飾用品。

大多數印度人信奉印度教。印度教徒相信，人們死後，靈魂會變成一個新的生命。如果上輩子做很多好事，重生之後就會變成富人或是好動物。如果上輩子做很多壞事，重生之後就會變成窮人或是其他動物。因此，大多數印度人都會善待動物。他們相信這樣做，會讓自己在死後有個好歸宿。

印度王公騎在一頭披紅掛綠的大象背上

印度的孟買，是一個世界級的城市，它的建築風格很像歐洲建築。但是在印度小鎮阿格拉，建築風格卻完全不同，那裡有世界聞名的泰姬瑪哈陵。據說，泰姬瑪哈陵是一位王子為自己最喜愛的妻子建造的。

印度最大的河流是恆河，恆河有幾個河口，大部分都位於巴基斯坦，只有一個河口在加爾各答。恆河上游有一座城市，叫做瓦拉納西，那裡是印度教的聖地。

瓦拉納西建立在恆河沿岸，河岸上有很長的石階，一直通往河裡。印度教徒會盛一碗恆河的「聖水」，從頭頂澆下來，並且在河裡洗掉身上的罪惡。印度教徒在臨死之前，一定要去恆河淨身。印度教徒死後，他的屍體不會被埋進土裡，人們會把他的屍體放在火上焚燒。

由於印度人口眾多，糧食經常供不應求，窮人們只剩下皮包骨，甚至每年都有很多人因為沒有飯吃而餓死，但是那些拉甲和其他有錢人卻吃得滿嘴流油。

印度人很擅長表演魔術，我曾經看到一位印度魔術師把一顆種子放

到花盆裡，裡面很快就長出植物，更神奇的還在後面。這個魔術師讓自己的妻子躺在一個箱子裡，然後用劍從各個方向刺穿箱子，但是當他把箱子打開的時候，他的妻子竟然沒有任何損傷，她從容地走出來，向觀眾打招呼。

### 【歷險手稿】——獨特的斯里蘭卡

印度洋上有一個美麗小島——斯里蘭卡，島上男人的穿著很奇怪，他們從來不穿褲子，而是穿短裙，頭上還插著梳子。更有意思的是，斯里蘭卡人點頭和搖頭的含義，與我們正好相反。在那裡，點頭表示「不是」，搖頭表示「是」。

斯里蘭卡人的婚禮也比較特別。結婚當日，小舅子要為新郎洗腳，繫上「同心結」。新娘要在結婚禮台上，繫上新郎所送的花布，戴上新郎所送的魚形髮卡，才算是禮成。

我繞過半個地球來看泰姬瑪哈陵

# 第 34 章：風情各異的東南亞

　　很久以前，印度有一個快樂的王子——喬達摩。喬達摩從小過著富裕的生活，想要什麼就有什麼。他一直以為，世界上的每個人都像他那樣的快樂，他從來沒有想像過貧窮悲慘的生活是什麼模樣。就這樣，喬達摩無憂無慮地度過童年。

　　喬達摩長大以後的某一天，他到宮殿外面旅行。這次旅行，他看到許多病人和窮人，這些人過著困苦的生活。這一切，觸動喬達摩內心，他決定依靠自己的力量去幫助那些需要幫助的人。於是，喬達摩把所有東西全部捐出來，在幫助人們的同時，還告訴他們做人做事的道理。後來，人們開始崇拜他，尊稱他為「佛陀」，意思為「知道一切的人」。於是，一個新的宗教興起了，這就是佛教。

　　佛教派出傳教士到各處傳教。很久之後，佛教在印度不再像剛開始那樣盛行，很多人改為信奉伊斯蘭教，但是印度東部有幾個國家仍然堅持自己的信仰，一心信奉佛教，只是儀式上產生變化。其中有兩個比較具有代表性的國家——緬甸和泰國。

　　緬甸首都仰光有一座仰光大金塔，這座塔是世界上最宏偉的塔之一。仰光大金塔高度和華盛頓紀念碑差不多，金塔用磚砌成，外面鑲著純金，看起來就像一個倒立三角形。當我給九歲的侄兒講完關於仰光大金塔的故事以後，有一天，他興沖沖地跑來告訴我：「在花園裡，有一個小小的仰光大金塔。」我不瞭解他是什麼意思，於是就到花園去看看。原來，侄兒把一個冰淇淋甜筒掉在地上，它頭朝下地栽倒在地，看起來就像一個倒立

三角形。

在仰光大金塔塔基的周圍，還有幾間房屋，每間房屋裡面都供奉一尊佛像。大金塔中間還有一個盒子，據說裡面有佛陀八根頭髮。塔頂有什麼特別之處？那裡有一把掛著鈴鐺的雨傘。

緬甸是世界上稻米的主要產地。稻米是亞洲人最主要的食物，他們一天三餐都吃煮熟的稻米。亞洲人的米飯裡，既不加糖，也不加奶油。

在佛教徒中，流傳一個說法：人類死後，靈魂會進入動物體內。國王的靈魂，不會進入一般動物的體內，而是會進入神

緬甸仰光的仰光大金塔

聖的白象體內。白象不是白色的象，而是灰色的。如果在泰國發現一群白象，就表示這個國家會好運不斷。

皇室的白象只是一種擺設，沒有什麼實際的用途，但是普通的白象有很多用途，例如：牠可以運東西，還可以耕地。大象非常聰明，可以與騎象人配合默契，只要騎象人用腳碰觸牠，牠就知道自己應該做什麼。大象就像有組織的工人，知道什麼時候工作和什麼時候休息。但是，如果你不給牠洗澡，牠就會罷工。

緬甸有一種木材叫做柚木，這種木材跟一般的木材不同。如果你用這種木材做船，你一定會沉到水底，因為柚木不會漂浮在水上，它會像石頭

一樣沉到水底。雖然這種木材不能用來造船，但是它卻是製作傢俱的良好材料，因為它可以防止白蟻。大象經常做的一項工作，就是搬運柚木。我總是希望自己可以得到一頭大象，所以買一個青銅做的大象放在桌子上。

在泰國旁邊，有一個地方叫做馬來半島，它就像從「泰國」伸出的象鼻。新加坡在距離馬來半島半英里的海中，那裡曾經是一片叢林，有很多毒蛇和老虎，沒有人想要它。新加坡的主人想要把這個小島送給別人，但是卻送不出去。最後，一個叫做萊佛士的英國人，以非常低的價格買下它，在小島上建造一座城市。

英國人買下這座島以後，經過一番建設，把這座島變成像直布羅陀一樣的交通樞紐，成為東方和西方交流的通道。於是，新加坡逐漸成為世界上重要港口之一，那裡的萊佛士飯店生意興隆，可以在裡面看見來自世界各地的人。

新加坡在地球的赤道上，根據水手們說，如果是第一次穿過赤道，必須接受海神波塞頓的洗禮，我也不例外。我還記得在當時我還沒有做好準備，一個水手就將我推進一個水池中。我氣喘吁吁地從水池裡爬出來，還沒有喘過氣的時候，他又把我推進一根管道中。等到我從那裡爬出來，他們把我帶到波塞頓面前。波塞頓非常氣派地坐在寶座上，遞給我一張證書，這樣就表示我已經接受洗禮。

在地理大發現時期，探險家們不僅想要尋找印度，還想要尋找與馬來半島鄰近的東印度群島和香料群島。在東印度群島中，有一個形狀像一支雪茄的島——蘇門答臘島，島上種植菸草，可以用來製作雪茄。東印度群島中還有一個爪哇島，那裡盛產咖啡，但是我覺得，巴西的咖啡更符合我的口味。

在爪哇島上，還有像鷹一樣大的蝙蝠，以及像手掌一樣大的蝴蝶。你也許會覺得奇怪，但是牠們確實存在，因為我曾經看過。

## 【歷險手稿】——暹羅

泰國在第二次世界大戰之前叫做暹羅，在第二次世界大戰結束以後，這個國家把名字改成「泰國」。但是，現在還是有很多人習慣把泰國叫做暹羅。

暹羅的國家制度是君主專制，國王想要做什麼都可以。在我小時候，如果有人自以為是，我們就會說他「你以為你是暹羅國王嗎？」但是現在泰國國王不能像古代那樣隨性而為，他必須按照國家法律來統治國家。

海神遞給我一份證書，證明我已經完成跨越赤道的洗禮

# 第 35 章：東方的大國

在亞洲的東部，有一個巨大的半圓形半島，中國就在這個半島上。中國是一個面積廣大的國家，如果你要用尺測量它的邊境線長度，你的尺必須要有13000公里長。中國的邊境線總長度將近有13000公里，如果你要從自己的腳底下挖坑，穿過地球中心，再從對面鑽出來，大概也是這個距離。

在這個面積龐大的國家裡，有兩條重要的河流。這兩條河流，幾乎成為中國的標籤，它們是長江和黃河。在黃河北面，是中國的北部地方。冬天的時候，西伯利亞的寒風就像野馬一樣，呼嘯著在北部馳騁，沒有什麼可以擋住它。於是，中國的北部就變成冰雪的世界。但是，寒風到了黃河往南走一些的地方就會收斂一些，因為那裡有高大的祁連山對寒風進行阻擋，所以這一帶比較溫暖。再加上這裡有大片平地可供種植，因此有許多人居住在這裡。中國古代最繁華的城市之一——開封，就是在這裡。

從這裡再往南，一直到長江以南，那裡更溫暖。長江以南的某些地方，就連冬天都很溫暖。在這裡，人們甚至可以種植椰子樹，但是如果有人想要把這種植物種植在北方，他就太傻了，因為北方的寒冷天氣不適宜椰子樹生長。

黃河是一條很特別的河，它和長江一樣，從中國西部的高原開始往東邊流去。當黃河經過一個名叫「黃土高原」的地方時，會將黃土高原上的大量黃土帶走，一路向東，流入大海。黃土高原上的黃土太鬆軟，很容易被水沖走。走在黃土高原的土地上，就像走在沙灘上。當黃河帶著黃土高

原上的大量黃土來到入海口的時候，河水已經變成黃色的泥漿。

當黃河經過平坦的地方時，水裡的黃土就會慢慢沉澱下來。於是，黃河的河床越變越高，人們一次又一次加高河堤。最後，黃河的河堤甚至高過人們的屋頂。於是，在平坦的地區，黃河就像一條在天上的河流。

黃河也會爆發洪水，但是黃河的洪水不像尼羅河，或是世界上其他河流爆發洪水那樣簡單。有時候，黃河會改變自己原有的路線，就像它不喜歡總是在相同地方流入大海。黃河改變路線的時候，就像一個暴躁的人摧毀身邊的一切。房屋和樹木，甚至其他河流的路線，都會被它搶佔。曾經有一次，黃河把在它南面的淮河路線奪過來，從淮河入海口流進大海。那種情景就像萊茵河不再流進北海，卻突然轉頭，流進波羅的海。

中國境內有許多山脈，但是這些山脈卻不像義大利的阿爾卑斯山或是西班牙的庇里牛斯山，是天然的屏障。中國的山脈，就像一扇隨時為客人敞開的門，將北部的游牧民族迎進東部的富饒平原。後來，中國第一位皇帝——秦始皇，為了避免這些游牧民族與自己爭奪資源，因此修建一道城牆，將游牧民族關在外面。

在這個面積廣闊的國家裡修

中國的
九級佛塔

建這樣一道城牆，不是一件容易的事情。秦始皇動用百萬名工人，才將它修建完成。這道城牆有八千多公里長，從中國東海邊的山海關到西部戈壁沙漠的嘉峪關，這道城牆就像一條巨龍盤繞在群山之間。正是因為它很長，人們把這道城牆稱為「長城」。長城不僅長也很高，它最高的地方超過7公尺，有兩層樓那樣高。

一位留著長指甲的中國紳士

這座又長又高的長城，在很長一段時間裡，確實阻擋北方游牧民族前往東部平原的腳步，但是到了十七世紀，有一位北方游牧民族的領袖最終成為中國的皇帝，那座長城沒有擋住他。

這個面積龐大的國家，擁有複雜多變的氣候，例如：每年的5月，南方人迎來連綿的雨季，但是北方人還要等待兩個月才可以迎來雨季。而且，北方的雨季比南方的雨季短，雨水在這裡停留兩個月以後就會匆匆離去，但是它卻可以在南方停留5個月時間。

如果一個白人、一個黑人、一個中國人站在一起，中國人的膚色就像白人到黑人之間的過渡色。中國人屬於黃種人，但是實際上，中國人的膚色不顯得有多麼黃。

## 【歷險手稿】——京杭大運河

1500多年以前，中國古代有一位皇帝修建一條運河，溝通中國南北。這條運河，就是世界上里程最長、工程最大、最古老的運河——京杭大運

河。它與長城一起，被稱為中國古代最偉大的工程。

　　大運河全程將近1800公里，它從北京出發，經過河北、山東、江蘇、浙江，最後到達杭州。這條大運河從北到南，貫通海河、黃河、淮河、長江、錢塘江五大水系，為當時的南北航運做出巨大的貢獻。

　　雖然京杭大運河十分古老，但是它仍然有一部分河段具有通航功能。

拿著筷子的中國紳士

# 第 36 章：大國風情

即使美國的所有煤礦和鐵礦都被用完了，中國的煤礦和鐵礦還會剩下許多。不僅煤礦和鐵礦，中國還有許多豐富的物產。

在中國的東部地區，有一片巨大的平原，由長江帶來的肥沃土壤堆積而成。於是，這裡成為有名的魚米之鄉，盛產稻米、茶葉、棉花。長江沿岸的港口，將這些物資源源不斷地運送到中國各個地方。這裡的土地養育無數的人口，中國絕大多數人口幾乎全部集中在這裡。因為這裡非常富饒，中國皇帝曾經把這裡作為都城。

在這些平原往西一些的地方，是中國山地集中的地區。長江在那裡經過一個名叫四川的省，它的面積幾乎和法國一樣大。那裡的土壤呈現紅色，也是非常肥沃。那裡的人口集中程度，完全不比東部平原小。

在長江經過的城市中，有一座城市名叫漢口。在1840年到1842年，這裡是一個繁華的貿易港口。從漢口繼續往下，我們可以到達上海。上海，是中國最早對外開放的海港城市之一。

除了上海，中國沿海還有許多港口。在那裡，每天都在進行大量的貿易活動，例如：廣州，是中國南方最重要的城市之一。在這裡，中國人將絲綢、茶葉、瓷器出售給外國人，外國貨物也是從這裡進入中國。

中國的建築，風格獨特。無論是普通的民居，還是宏偉的宮殿和廟宇，所有的建築都有美麗的外觀，特別是中國皇帝的皇家宮殿。

中國皇帝的宮殿在北京，名字叫做「紫禁城」，這個名字表示只有皇帝和他的家人才可以在裡面居住。這座皇家宮殿裡，總共有九千多個房

間。如果你從出生那天開始，每天換一個房間住，等到你三十歲那年，才可以住完所有房間。紫禁城用黃琉璃和青白石底做建築材料，裡面金碧輝煌，畫滿美麗的彩繪。這座宮殿被將近四層樓高的城牆圍住，城牆上築有塔樓用於防禦。城牆外面，還有一條護城河環繞。這座宮殿曾經讓馬可‧波羅流連忘返，現在它仍然吸引世界各地的遊客前來參觀。

這裡生活著許多人，全世界每五個人之中，就有一個中國人。許多人生活在一片面積廣大的土地上，他們來自不同的地區，說著不同的方言。如果一個中國北方人到中國南方，有可能完全聽不懂南方人在說什麼，就像美國人聽不懂德國人在說什麼。而且，北方人平時吃的食物與南方人差別很大，例如：南方人喜歡吃飯，北方人喜歡吃麵。

當中國人的祖先發明指南針來指示方向，並且知道用鐵來製造工具的時候，世界上的其他地區還有人仍然在用石頭製成的工具。中國人將自己的思想記錄在書本上，一代一代地傳下去。如果你要修建圖書館來存放這些書，一座當然不夠，至少需要三座才可以。

提到中國，除了指南針以外，一定要提到其他三項發明。指南針、活字印刷術、火藥、造紙術，被稱為中國古代四大發明。

中國人開始使用紙的時候，歐洲人還在羊皮上寫字。中國的紙，是以植物纖維為原料，經過切斷、漚煮、漂洗、舂搗、簾抄、乾燥等工序製成。這種技術最初是在西元105年，即中國的東漢時期，

成千上萬的廣州人住在這種船屋裡，這些船從未離開廣州

由蔡倫在總結前人造紙經驗的基礎上改進而來。西元七世紀，中國造紙術傳到日本；八世紀中葉，傳到阿拉伯。歐洲直到十二世紀，才學到這種造紙方法。

在西元1041年至1048年，中國北宋時期的刻字工人畢昇發明活字印刷術。人們先用細質帶黏性的膠泥製成四方長柱體，然後在上面刻單字。這些字都是反寫的，然後將這些字印入窯燒硬，這就是活字。人們要印刷文章的時候，先按照文章內容將活字排好做成印版，就可以印刷。

至於指南針，它簡直不可思議。它一直指向北方，無論你用多大力氣轉動它，它都不會改變方向。正是由於這種神奇特性，當它最早被傳進歐洲時，歐洲人竟然認為它具有魔力，因此把它稱為「魔針」。水手們特別喜歡這件神奇東西。只要擁有它，即使遇到陰雨天氣，水手們也可以在茫茫大海上分辨方向。

獨輪車是中國的「計程車」

火藥，起源於中國古代道家的煉丹術。硫磺和砒霜等猛毒的金石藥是煉丹的基本原料，因此煉丹師在煉製丹藥以前要先將它們進行燒灼，減低它們的毒性，火藥就是在這個過程中發展而來。

我一直覺得，中國道士煉丹過程很像魔法師在配製魔法藥水。當然，煉丹師最終配製出來的不是「藥水」，而是一種粉狀的物體。而且，每個煉丹師配製丹藥的方法都不同，當這種配方傳到軍事家手裡，就成為黑色

火藥。

除了四大發明以外，瓷器也是中國人的偉大發明。它們擁有美麗的外觀，還有相當的實用性，我們經常可以在歐洲和美洲家庭中看見它們。或許你的家裡也擺著一件中國的瓷器。

### 【歷險手稿】——中國瓷器

在英文中，「瓷器」與「中國」同為一詞——china。中國被譽為「瓷器的故鄉」，早在西元前16世紀，中國就出現最早的瓷器。經過幾千年的發展，到了宋代時期，中國瓷器發展到最高峰。

宋代時期，出現汝窯、官窯、哥窯、鈞窯、定窯，即宋代五大名窯。現在，江西景德鎮出產的青花瓷，成為中國瓷器的代表。青花瓷釉質透亮純淨，胎體質薄，潔白底色上繪著藍色紋飾，素雅清新。

中國的瓷器，不僅深受本國人民的喜愛，也得到世界其他國家人民的喜愛。中國瓷器經由貿易傳到許多國家，一些古代瓷器成為收藏家的至愛。此外，歐美人士也喜歡在親戚和朋友結婚的時候，將中國瓷器作為禮物贈送給新人。

# 第 37 章：經常晃動的島國

　　在中國東方1000英里的地方，有一個島國，這個島經常發生地震。最初，當地的人們不知道地震發生的原理，所以就認為，小島晃動是因為海裡有一頭海蛇怪，只要牠一醒來，小島就會晃動。現在，人們已經知道，小島晃動不是因為「海蛇怪」，而是因為海裡的火山。

　　這個經常晃動的島國，就是日本。「日本」的意思是「太陽升起的土地」。日本人把自己的國旗也做成太陽的模樣。

　　日本人和中國人一樣，學習中國的文字，用筷子吃東西。很早以前，除了中國以外，日本人對其他國家完全不瞭解，也禁止其他國家進入日本地界。然而，這種閉關鎖國的政策，最後被美國人打破。十九世紀，有一個叫做培里的美國軍官，想要打開日本的國門，贈送很多奇珍異寶給當時日本統治者天皇。天皇非常高興，想要瞭解培里和他的國家。培里向天皇承諾，如果日本打開國門，就會大有收穫，天皇表示同意。

　　從此以後，日本走上對外開放的道路。日本政府派遣年輕人去美國學習西方先進的科學技術和政治制度，這些學生學成歸國以後，就把學到的知識和技術傳授給國內的人們。

　　日本人是很好的學生，在很短的時間裡，他們就掌握許多科學技術。他們製造很多火車、汽車、電燈，甚至學會如何製造飛機、坦克、戰艦。但是，你或許不知道日本人模仿美國人製造的第一件東西是什麼。他們模仿美國人製造的第一件東西是「人力車」。

　　當時，一個住在日本的美國人，仿造美國嬰兒車的模樣，給自己的妻

子製作一輛車，並且雇用一個日本人來拉車。日本人覺得這種人力車是一個商業契機，於是大量生產這種人力車。最終，這種人力車在東南亞廣泛流行。

但是後來，日本參加第二次世界大戰，它把自己學會的科學技術運用到戰爭中，給全世界愛好和平的人們帶來災難。最終，日本在戰爭中被打敗。從此以後，它再也不能使用這些武器。

在日本，無論男女都會穿著一種你從來沒有看過的服裝——和服。它是日本的傳統服飾，看起來就像我們睡覺穿的睡袍，但是穿和服的過程比穿睡袍更困難。

日本的男孩和女孩，都有自己的節日。女孩的節日叫做「女兒節」，每年三月三日，每個女孩會把自己的玩偶整齊地擺出來，開心地玩耍。男孩的節日是在五月五日，這一天也叫做「風箏節」。在這一天，每一個家中有男孩的家庭，都會在自家的門前豎起一根掛著鯉魚的木杆，這是在告誡男孩要像鯉魚一樣，逆流而上，遇到困難不要畏縮不前，而是要勇往直前，成為真正的男子漢。

日本的孩子們十分熱愛學習，求知若渴。記得有一次，我在一家商店買東西，有一個日本男孩跑過來，用英語問我是否可以免費給我當導遊。我以為他想要向我展示他們的特色，其實他是想要練習英語會話。我曾經去日本學校參觀，那裡的孩子非常熱情，希望我回去以後寫信給他們，他們會用英語回信給我。

日本人喜愛各種花草，日本的花期有兩季，一個是春季，在這個季節裡，桃花、杏花、櫻花盛開，爭鮮奪豔。另一個是秋季，在這個季節裡，各色菊花綻放。在每個日本房屋前面，都有一個花園，裡面有湖泊和小橋等各種模型，可愛至極，形象生動。日本的橡樹和楓樹非常矮小，讓你看不出它們的實際年齡。

日本人非常注重衛生，所以經常洗澡。他們的浴缸，是一個巨型的木桶，人們只能坐在裡面。這些都不奇怪，真正讓人感到奇怪的是：日本一家人洗澡的時候，中間不換水，一個接一個地洗，都是用同一盆水。

## 【歷險手稿】——日本的全民運動

在日本，相撲和美國的棒球與西班牙的鬥牛一樣受到歡迎，幾乎每場相撲比賽都是座無虛席。

有時候，你會在日本一些地方看到關於相撲運動的畫作。參加相撲比賽的選手，就像圖中畫的那個模樣，有幾百磅重。比賽開始的時候，選手像兩隻巨大牛蛙那樣伏著身體，待在原地不動，尋找抓住對方將對方扳倒的機會。這樣的比賽，大多數時候都在等待。雖然日本人對這種運動非常著迷，但是美國人卻覺得這種運動缺乏美感。

# 第 38 章：讓人羨慕的日本「特產」

　　我從日本回國之後，就給當時囑咐我寫信的男孩們寄去明信片。我精心選擇一些具有代表性的明信片，例如：有一張印著華盛頓國會大廈，有一張印著尼加拉大瀑布，有一張印著紐約摩天大樓。

　　讓我感到高興的是，不久之後，每個男孩都回一封薄薄的信給我，信中也展示日本具有代表性的景物，有些是他們自己畫的，有些是夾在信中的圖片。

　　有三個男孩，都是畫一座山。我看得出來，他們畫的那座山叫做富士山，它在日本的地位非常神聖。富士山是一座火山，但是已經沉睡很久。富士山的山頂上，終年白雪皚皚。日本人非常喜歡富士山，在扇子、盒子、碟子、雨傘、燈籠、屏風上，都可以看到富士山。

　　還有兩個男孩，也是畫一座青銅佛像。畫面上，一座青銅佛像矗立在樹林中，顯得非常雄偉。佛像的大拇指上，可以坐五六個人，可見它

富士山——日本的聖山

有多麼巨大。佛像的眼睛被畫成黃色，我知道那是因為這座佛像的眼睛用純金做成，所以他們就在畫面上將佛像的眼睛畫成黃色。佛像的前額上，有一個白銀做的大球。這座佛像不是普通的佛像，是日本人用來紀念知名人物和聖人，就像我們的紀念碑的作用。

除了這兩個景物以外，還有一些其他圖畫：

其中一幅是東京的街景照片。東京是日本的首都，也是日本最大的城市。但是在一百多年以前，日本的首都在京都。那個時候，日本的城市裡沒有高樓，即使是京都也沒有。那個時候的日本房屋，都是用木材搭建而成，而且大多數只有兩層，顯得很矮小。

日本房屋之所以矮小，是因為日本經常發生地震。這個國家位於地震頻發帶上，所以這裡幾乎每天都會發生微弱地震。地震發生的時候，地面會被震裂，即使是矮小的房屋也會倒塌，更不要說高大的樓房，因此日本不適合建造太高的房屋。

有一個男孩畫日本的房屋，那是一幢木造房屋，窗戶上糊著紙。日本房屋的地板上，會鋪著相同大小的草蓆。在日本，人們是根據草蓆的大小鋪設地板，而不是根據地板的大小製作草蓆。鋪設地板的時候，就會說是幾張草蓆的大小。

為了保持草蓆清潔，日本人進屋以前都會脫鞋，就像你不會穿著鞋子上床睡覺，日本人也不會穿著鞋子踩草蓆，所以他們只會穿著襪子進屋。日本的襪子就像

大佛的塑像在提醒人們記住佛陀的善良和智慧

是手套，腳趾一個一個地分開。

　　木造房屋有一個缺點，在地震中，電燈和火爐很容易碎裂傾倒，如果這幢房屋正好是木造房屋，就會很容易失火。如果一排相連的房屋都是木造房屋，一個房屋起火，周圍的房屋也會起火。嚴重的時候，大火會連續燒毀幾千棟房屋。

　　但是，這些已經是歷史。如今，日本人發明的抗震技術，已經非常先進，許多高樓都可以抵禦10級以上的地震。所以，現在的東京有很多超過200公尺以上的高樓。

　　日本的房屋之所以具有很強的抗震功能，是因為這些房屋不是直接建造在地面上，而是建造在地下的水泥平台上。這樣一來，地震發生的時候，房屋不容易倒塌。美國也有很多房屋是由日本建築師設計建造，也是非常穩固。

　　有一個孩子，畫兩個日本人用一根木棍抬著一個水桶的情景，但是我看不到水桶裡裝什麼，但是我猜想，裡面裝的應該是魚。因為日本國內牛、羊、豬等動物很少，所以日本人很少吃肉，而且佛教徒都不吃肉，但是日本人很喜歡吃魚，因為他們認為魚肉不屬於肉類。

　　日本是全世界吃魚最多的國家。在日本，隨時可以捕到很多魚，因為日本是一個四面環海的島國。日本有世界最著名的漁場之一——北海道漁場。那裡的海水溫度適宜，適合許多魚類生長。日本的漁民非常多，也很善於捕魚。或許，剛才那幅圖畫上挑著水桶的兩個人是魚販，他們抬著剛從海裡捕回來的新鮮活魚。

　　還有一幅圖畫上，畫著種滿水稻的農田。其實，日本的平原很少，僅有的一些平原，也因為面積狹小，可以種植水稻的地方不多。在這幅圖畫的北面，還畫著一片茶場。在日本，茶是人們最主要的飲品。日本人喝茶不像美國人那樣，在茶裡加糖或牛奶。日本人喝清茶，裡面什麼也不放。

日本有很多為客人提供娛樂的茶室和茶園，還有藝妓給客人奉茶，並且表演彈琴和跳舞等節目。藝妓們彈的琴，很像斑鳩琴。

有一幅圖畫上，是畫一扇叫做「鳥居」的木門，「鳥居」有「鳥休息的地方」之意。鳥居通常被作為通往寺廟或神社的門，有單獨的，也有成排的，是非常神聖的門。

我繼續拆開這些美妙的信件，又發現一張圖畫，是畫日本的寺廟和花園中常有的石燈籠。這種石燈籠很大，但是它發出的光卻很暗，幾乎無法用來照明。所以，這種石燈籠的主要用途是裝飾。我聽說日本有一個燈籠節，節日裡用的燈籠不是石燈籠，而是和我們一樣的紙燈籠。

還有一張圖畫，是畫三隻用木頭雕刻的猴子。這三隻猴子，有特別的寓意：一隻猴子把爪子放在耳邊，告誡人們「不聽邪惡的話語」；另一隻猴子把爪子放在嘴邊，告誡人們「不說邪惡的事情」；還有一隻猴子把爪子放在眼睛邊，告誡人們「不看邪惡的東西」。

鳥居——日本寺廟或神社的入口

最後一封信中有一張照片，照片上的人是日本天皇。現在很多國家都不再有皇帝，國家領導人成為總統。在其他地方改變巨大的日本，卻在天皇制度上始終沒有改變，並且有延續下去的趨勢。到目前為止，天皇家族統治日本已經有兩千多年歷史。在第二次世界大戰失敗以後，日本得到其他國家的許可，保留天皇制度。現在的日本人還是非常尊敬天皇，但是他們已經不像以前那樣，把天皇當作神來崇拜。

## 【歷險手稿】——為什麼日本人喜歡坐在地上？

如果我們坐在地上的時間太長，就會覺得很不舒服，但是日本人卻很喜歡坐在地上。

我在火車站看過日本人盤腿坐在地上，不坐旁邊的長凳，我不知道這是為什麼。有些美國女孩也像日本人那樣，喜歡盤腿坐在椅子上，但是男孩們卻從來不這麼坐。日本人吃飯的時候，每個人的面前放一張桌腳只有幾英寸高的桌子，上面放著食物，所有人跪坐在地板上吃飯。他們在草蓆上睡覺，不用床，用和服當作棉被，硬硬的木材當作枕頭。

日式石燈籠

# 第 39 章：萬島國度

　　有一些國家，並非是一塊完整的大陸，這些國家由一些島嶼組成。這些島嶼，就像漂浮在海面上的巨大船隻，將國家托在海面上。例如：亞洲的菲律賓，就是由一連串島嶼組成。如果你在亞洲南部的海面上看到一串呈現半環形的島嶼，就像西太平洋上一串美麗珍珠項鍊，那就是菲律賓。

　　組成菲律賓的島嶼總共有七千多座，它們的數量雖然很多，但是似乎沒有太多值得敘述的地方。首先，它們的面積很小，只有462座島嶼超過1平方英里。因此，這七千多座島嶼的面積總和，還沒有英國的面積大。或許，正是因為這些島嶼實在太小，小到沒有人有興趣給它們取名字，所以在組成菲律賓的眾多島嶼中，只有1/4的島嶼有名字。

　　菲律賓看起來似乎很危險，因為在這個面積不到30萬平方公里的土地上，竟然有25座火山。但是請你放心，在這些火山中，只有兩三座還會冒出濃煙，其他火山已經完全沉睡。這些沉睡的火山，就像已經死亡的巨大怪獸，再也無法呼吸，所以我們稱它們為「死火山」。

　　菲律賓的陸地上有火山，周圍的海洋裡還有一個巨大的洞穴。這個洞穴到底有多深？我這樣跟你說吧，即使我們把世界上最高的山峰——聖母峰扔進這個洞穴裡，也無法把這個洞穴填滿。這個洞穴大到可以把世界上所有的生物全部吞進它的肚子裡。

　　但是，這個看起來危險的菲律賓，並不是真正那麼危險。這裡也有繁華的城市，例如：菲律賓的首都馬尼拉。馬尼拉是亞洲最重要的商業中心之一，它的港口經常被來自世界各國的船隻填滿。而且，如果菲律賓不是

好地方，當年西班牙人在進行殖民擴張的時候，就不會想盡辦法地打敗許多對手，佔領這裡。

西元1494年，正當西班牙與葡萄牙為了殖民地的劃分爭得不可開交的時候，教皇拿來一把尺。他在地圖上畫一條線，這條線穿過亞速群島和維德角群島西方。畫完之後，教皇宣布，這條線以西的地方，是西班牙人的地盤，葡萄牙人擁有這條線以東的地方，這就是著名的《托爾德西里亞斯條約》。就這樣，菲律賓變成西班牙的殖民地。

菲律賓是亞洲、歐洲、美洲的貿易轉運站，佔領這裡的西班牙人，就像有權勢的轉運站站長，在這裡獲得大量財富。現在，菲律賓已經從西班牙的殖民統治中獨立，成為一個獨立的國家。

除了菲律賓的眾多島嶼之外，太平洋上還有其他島嶼。如果我們在大西洋與太平洋的每個島嶼上放一粒米，你會發現，放在太平洋上的米粒比放在大西洋上的米粒更多。在太平洋上，有斐濟群島、薩摩亞群島、美拉尼西亞群島……在這些群島中，有一些很特別的地方，例如：馬來群島。

在很久以前，地殼發生猛烈變動，亞洲南部一些陸地被海水淹沒，只有一些高地和山峰，因為身高優勢從水面下探出頭。這些探出水面的地方，變成現在的馬來群島。這裡與菲律賓一樣，有許多火山。其中一個叫做爪哇的島上，就有120多座火山。但是幸好，這些火山還算安分。雖然它們有時候會魯莽地咆哮，噴出嚇人的氣體，但是沒有造成災難。

如果這裡的火山忍不住發脾氣，那就糟糕了。例如：1883年8月26日早晨，在蘇門答臘和爪哇之間的喀拉喀托島上的火山爆發了。火山張著大口，吐出大量的灰塵，這些灰塵張牙舞爪地向四面八方擴散。火光把天空染成紅色，直到六個星期以後，人們才可以隱約看見天空的本來顏色。火山爆發過後，人們發現，喀拉喀托島幾乎完全看不見。據說，爪哇人為了安撫這些火山，曾經將自己的同伴活生生地投入冒著熱氣的火山口。

但是，火山灰也讓這裡的土壤變得肥沃。人們在這些土地上耕種，一年可以得到三次收穫。這裡冬暖夏涼，到了雨季，這裡會有豐沛的雨水。各種熱帶植物在這裡茁壯地成長，這裡是咖啡、茶葉、菸葉、橡膠、甘蔗、椰子的天堂。

希望我所說的這些，可以改變你對爪哇島的惡劣印象。雖然這裡不是伊甸園，但是它是一片被大自然鍾愛的土地，因為除了爪哇島以外，其他島嶼都不適合農作物生長。但是大自然很公平，它給這些島嶼一些補償。例如：長得像一張蜘蛛網的摩鹿加群島盛產香料，因此稱為香料群島。蘇拉威西島盛產油畫顏料，如果你有一位生活在維多利亞時代的長輩，看看他是否給你留下一套鎖具。在那些鎖具上的裝飾物，很有可能就是用蘇拉威西島生產的顏料畫成。還有峇里島，由於這個島嶼風光秀美，一直以來都是觀光旅遊的好地方。

太平洋上的這些島嶼的年紀都很大，考古學家還在這裡的婆羅洲和蘇門答臘島發現最早的人類化石。所以，我們可以這樣說：人類正在這個古老的世界裡，與我們的近親類人猿表兄揮手告別。

這些島嶼真是太多，我要寫一本很厚的書，才可以把它們全部介紹完畢。無論這些島嶼擁有什麼獨特風格，它們都與繁華的第五大道或忙碌的華爾街不同。在這些遙遠的島嶼上，我們可以遠離街道上轟鳴的馬達聲與工廠的機器聲，回到安靜而古老的世界裡。

## 【歷險手記】——大溪地

在玻里尼西亞群島中，最大的島嶼叫做大溪地。這裡四季如春，物產豐富。來到這裡的人們，都會被這裡迷人的熱帶風光吸引。這裡有棕櫚樹、椰子樹、芒果樹、麵包樹、香蕉樹、木瓜樹，熱帶水果更是四季不

斷。陽光隨著海風離去的時候，海水的顏色逐漸變得幽深。在這裡生活的人們，或許過著世界上最閒適的生活。他們最經常做的事情，就是在海邊凝望大海深思。這片山清水秀的土地，被譽為「太平洋上的明珠」，但是人們更喜歡把那裡叫做「最接近天堂的地方」。

# 第三篇：美洲

# 第 40 章：山姆大叔的家鄉

你可以想像這樣一個人物嗎？一個身材高大的男子，穿著一件國旗樣式的衣服和一條紅白相間的條紋褲子，頭上戴著一頂布滿星星的帽子，他就是大名鼎鼎的山姆大叔。現在，我們就來說說山姆大叔的故鄉——美國，它是北美洲上很小的一部分。

記得我小時候第一次看到美國地圖的時候，感覺它就像一條縫滿補丁的棉被。現在我知道，這些補丁其實是美國各個州。在地圖上看，美國各州的邊界，有些筆直，有些彎曲。在現實生活中，這些州之間沒有明顯界線，地圖上的線只是為了方便人們分出各個州的邊界而加上的。

美國各州的面積有大有小，最大的州是阿拉斯加州，最小的州是羅德島州。一個阿拉斯加州，可以裝下428個羅德島州。美國的每個州，都有各自的城市、城鎮、鄉村，我居住的州叫做馬里蘭州。

如果你的父母有收藏硬幣的習慣，你可以找找看父母的收藏品中，有沒有一個1913年美國的五分錢硬幣。這個硬幣很好認，上面刻著美國的全名「美利堅合眾國」，正面是一個印第安人頭像，反面是一頭美洲野牛，我家裡就有一個。每當我們看著這個硬幣的時候就會想起，很久以前，美國沒有白人，也沒有金毛獵犬這種動物，印第安人是美國最早的居民，美洲野牛是美國最早的動物。

事實上，在很久以前，世界上也沒有美國這個國家。當時，在大西洋海岸邊，有13個面積不大的州。後來，13個州想要成立一個俱樂部，聯合起來增加競爭力。於是，13個州就聯合起來，這就是最早的美國。它們之

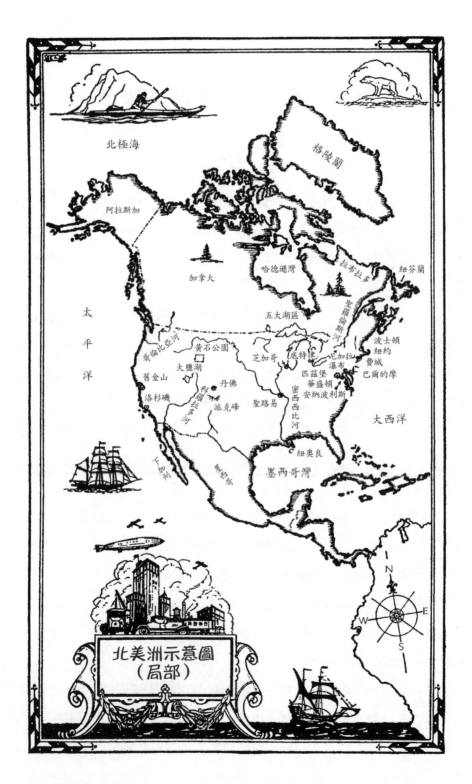

北極海

格陵蘭

阿拉斯加

加拿大

哈德遜灣

拉布拉多

紐芬蘭

太平洋

五大湖區

聖羅倫斯河

波士頓

哥倫比亞河

黃石公園

芝加哥

底特律

尼加拉瀑布

紐約
費城
巴爾的摩

大鹽湖

丹佛

匹茲堡
華盛頓
安納波利斯

舊金山

科羅拉多河

派克峰

聖路易

密西西比河

大西洋

洛杉磯

下加州

劍巴哥

紐奧良

墨西哥灣

北美洲示意圖
（局部）

N
W E
S

所以想要聯合起來，是受到一句話的啟發：「聚在一起就有力量。」直到現在，這句話依然是美國人的座右銘。

既然已經成立國家，就要有自己的國旗。現在，我們總是認為13是一個不吉利的數字，但是那個時候的人們不在意這些，所以13個州的國旗上有13道條紋，七紅六白。在國旗藍色的一角，還有13顆白色的星星，代表13個州。後來，有更多的州加入，成為現在的50個州。由於每增加一個州，人們就會在國旗左上角增加一顆星星，因此現在美國國旗上總共有50顆星星，代表50個州。如果我們把美國的50個州排成一串，會從大西洋延伸到太平洋，從日出的地方延伸到日落的地方。美國的硬幣上，也刻有「E Pluribus Unum」，意思是「合眾為一」。

我們之前說到，美國最早的原住民是印第安人，現在美國的很多州依然使用原來的印第安名字作為州名。你可以猜出哪些州是印第安人的州嗎？我可以給你一些提示：在美國所有的州名中，用「新」開頭的州，都是根據其他國家的地名來取名字，所以不是印第安人的州，例如：新墨西哥州和紐約州（在英語中，New York的意思為「新約克」）。此外，有一些州的名字是女孩的名字，例如：維吉尼亞州，它們也不是印第安人的州。哪些州是印第安人的州？例如：明尼蘇達州（意思為「藍天和水」）和俄亥俄州（意思為「漂亮的河」或「巨大」）等其他州，都是印第安人的州。

### 【歷險手稿】——山姆大叔的由來

在紐約州的特洛伊城，有一位叫做塞繆爾‧威爾遜的肉類包裝商，由於他做生意講求誠信，所以在當地很有威信，當地人親切地稱呼他為「山姆大叔」。在美國獨立戰爭時期，山姆大叔擔任紐約州和紐澤西州的軍需

檢驗員，工作內容就是在供應軍隊的牛肉桶和酒桶上蓋章。

　　1812年1月，紐約州長去工廠參觀，看到每個牛肉桶上都有E.A.—U.S.標記，就問工人們是什麼意思。工人說：「E.A.是軍火承包商的名稱，U.S.是美國的縮寫。」這個時候，另一個工人開玩笑地說：「U.S.就是『山姆大叔』（Uncle Sam）。」

　　這件趣事傳開以後，「山姆大叔」這個名字不脛而走，漫畫界也開始使用「山姆大叔」形象。西元1961年，美國國會正式承認「山姆大叔」為美國的民族象徵。

這個穿著國旗衣服的人
被叫做山姆大叔

# 第 41 章：「華盛頓」特別多的國家

你曾經注意「頭」的意思嗎？人們戴帽子的地方叫做頭，上尉是士兵的頭，一個國家有「頭」。但是，這個「頭」不是某個人，而是一個城市。國家的「頭」，叫做「首都」。

美國剛建國的時候，人們要選擇一個適合的地方做首都。當時，有八個地方被列入候選名單。人們分析這些地方各自的特點以後認為，最靠近國家中心的沼澤位置最好，於是在這片沼澤上建立一座城市。然後，用美國第一任總統喬治・華盛頓的名字，將這座城市命名為「華盛頓」。

那個時候，華盛頓只是一個沼澤窪地，自然環境非常惡劣。但是，現在的華盛頓已經成為世界上最美麗的城市之一，那裡有恬靜的公園和雄偉的建築。以前的華盛頓距離國家中心很近，但是隨著美國領土面積的擴大，現在的華盛頓已經距離美國的中心地帶超過1000英里，因此成為美國的邊界。

美國人似乎對「華盛頓」這個名字特別有感情，除了首都叫做華盛頓以外，還有27個城市被稱為「華盛頓」。如果你想要寫信給住在「華盛頓」的朋友，一定要在信封上標明是首都還是其他地方，否則你的朋友很有可能無法收到你的信。

我小時候在首都住過一段時間。當時，我以為國會大廈是全世界最漂亮的建築，但是當我遊覽許多名勝古蹟以後，我改變自己的想法。雖然美國的國會大廈不是我看過最美麗的建築，但是它對我的意義卻很特別。

我曾經試圖在沙堆中堆出一個國會大廈：我先用鞋盒裝上一盒濕沙

子，然後將鞋盒倒扣把沙子倒出，再用相同方法用茶杯做出圓頂。這個圓頂，原本我以為是國會大廈的首創，可是後來我知道最早有圓頂的建築是義大利的一座教堂，而且也不是所有國會大廈都有圓頂。

我覺得國會大廈是全世界最漂亮的建築

國會大廈的兩側，有兩棟雄偉的建築，分別是參議院和眾議院。在參議院的人被稱為參議員，在眾議院的人被稱為眾議員，參議員和眾議員有男有女，參議院和眾議院負責制定所有美國人都要遵守的美國法律。

每個州只有兩名參議員可以進入華盛頓國會，無論是阿拉斯加州還是羅德島州，都不例外。同時，每個州還要向華盛頓國會派駐眾議員，眾議員的數量是由各州的人數比例來決定，例如：紐約州的人口多，眾議員的數量就多。國會由參議院和眾議院共同組成，國會舉行會議的時候，國會大廈會升起一面旗幟。

從國會大廈穿過一個公園，就會看到一座有金色圓頂的巨大建築，這就是國會圖書館。任何人想要在美國出版圖書，就要先送兩冊到這裡，然後國會圖書館會授予他「複製的權利」，這就是說：沒有國會圖書館的允許，任何人都沒有權利印刷這本書，類似我們在很多圖書中看到的「版權」標誌，因此國會圖書館擁有世界上最豐富的藏書。

有一個與「版權」類似的名詞，叫做「專利」。它出現在相機和電視

等很多產品上。任何人如果發明一件新東西，無論大小，無論貴賤，都要送一個模型到「專利局」申請專利。

如果專利局承認你確實是第一個發明這件東西的人，就會授予你製造和販賣這種新產品的權利，其他人沒有權利製造和販賣相同產品，這就是專利。還記得小時候我因為經常流鼻涕，曾經發明一種新手帕，當我用手帕擤完鼻涕以後，一根橡皮筋就會把它拉回口袋裡，我將它稱為「瞬間彈回」手帕。如果我那個時候去申請，說不定也可以申請「專利」。

從華盛頓一條叫做賓夕法尼亞的寬闊大街穿過，我們會看到一座類似銀行的建築，那就是財政部。10美元的圖案上就是這棟建築，被代指美國的US字母稍微變形，也是美元「$」的標誌。財政部雖然是美國的財富集散地，但是這裡不製造紙幣，紙幣要在印鈔廠裡生產。

「看到那個搖著印刷機手柄的人嗎？他一天可以創造一百萬美元！」

「哇，他一定是世界上最富有的人！」

「噢，不！他一天只賺50美元。」

這是每位遊客參觀鑄幣廠的時候，都會與導遊發生的對話。

美國有很多白色房屋，其中與眾不同的是財政部旁邊的白色建築，那就是總統的居住地——白宮，20美元上面的建築就是它。

從白宮的後門進入後花

有一天你也可能住在裡面

園，首先映入眼簾的是「華盛頓紀念碑」，這座紀念碑是世界上最高的石刻作品。它看起來就像一根巨大手指，但是實際上不是很高，大概有169公尺，還沒有一座小山高。華盛頓紀念碑前面有一個水池，水質清澈，水面平靜，彷彿一面鏡子倒映紀念碑。

這座紀念碑是華盛頓最高的建築，是為了紀念美國國父華盛頓而建造。但是，這座紀念碑不像其他紀念碑會在上面刻字，這座紀念碑上沒有任何字，你可以想到為什麼嗎？

每個人都有自己的書櫃，就像自己的博物館一樣。我在自己的博物館裡，儲存一個海星、一些貝殼、一個鳥窩、一塊金色石頭。廣袤的美國，也有一個儲存來自世界各地奇珍異寶的書櫃，那就是——美國國家歷史博物館。

它看起來有一英里高

### 【歷險手稿】——5美元鈔票上的建築

5美元鈔票上也有一座建築，它就是林肯紀念堂。這座建築是為了紀念美國第16任總統林肯而建造的大理石建築，建築裡擺放一尊坐在椅子上的林肯雕像。

在林肯任職期間，美國爆發內戰。林肯以一己之力，維護美國的和

平。此後，人們特別為他修建一座如此精美的紀念建築，寄望他維護和平的精神永存。

林肯紀念堂

# 第 42 章：女王和男爵的城市

早在美國形成以前，有一條河安靜地流過現在的美國首都華盛頓的地方。那個時候，河邊住著一群印第安人。這些印第安人在河上泛舟，帶著自己的東西去換一些自己需要但是缺少的東西，例如：用珠子換毛皮，用弓換箭，用玉米換馬鈴薯……

這片土地上的印第安人大多數是商人，商人在印第安語中被稱為「波多馬克」，因此這條河也被稱為「波多馬克河」。波多馬克河是美國的兩個州——馬里蘭州和維吉尼亞州的分界線。這兩個州的名字，來自於兩個女王的名字。

印第安人把波多馬克河下游的那片寬闊水域取名為「乞沙比克」，意思為「百川之母」，它就是我們在地圖上看到的美國最大的海灣——乞沙比克灣。

乞沙比克灣到處都是牡蠣，可是當時的印第安人不知道牡蠣是一種鮮美可口的食物。直到有一天，一個印第安人實在很餓，但是又找不到食物，於是他到乞沙比克灣找到一些牡蠣，敲開堅硬的外殼吃裡面的肉，味美肉嫩的牡蠣立刻吸引他，牡蠣的鮮美也隨之流傳。現在，世界上很多地方都有牡蠣，但是許多喜歡吃牡蠣的人還是認為乞沙比克灣的牡蠣最大最鮮美。

在乞沙比克灣附近有兩座重要城市，它們是安納波利斯和巴爾的摩。安納波利斯是「安娜之城」的意思，與馬里蘭州和維吉尼亞州相同，也是用女王名字來命名。

安納波利斯是馬里蘭州的首府，那裡有一所專門培養水兵的學校——美國海軍學院。美國海軍學院的學生，都是從各州脫穎而出的優秀學生。學生們在海軍學院不僅學習所有與船隻和作戰有關的理論知識，還要學習如何指揮船隻作戰。有時候，他們還會代表美國海軍出訪其他國家。

巴爾的摩是馬里蘭州最大的城市，同時也是一位英國男爵的名字。這裡誕生從巴爾的摩通往俄亥俄州的第一條鐵路，人們把這條鐵路簡稱為「巴俄鐵路」。巴爾的摩還有著名的約翰‧霍普金斯大學和約翰‧霍普金斯醫院。霍普金斯大學吸引全世界的優秀人才來這裡上學，霍普金斯醫院是全世界的病人都信任的醫院。

曾經有一位叫做賓的男士，擁有馬里蘭州北部一個被森林環繞的州。那裡的樹木高大濃密，而且生長迅速。這個州就是現在的賓夕法尼亞州，意思為「賓的森林」。其實，在賓擁有這片土地之前，當地已經有大片森林。後來，隨著時間的推移，樹木枯萎死去，埋入地下。經過很長一段時間，這些樹木的殘骸逐漸形成豐富的黑色岩石，這些黑色岩石可以燃燒，就是我們所說的「煤」。

煤分為兩種，一種是軟煤，一種是硬煤。其實，軟煤並不軟，它與其他煤一樣堅硬。人們稱它為軟煤，是因為它與其他煤比起來更容易破碎。硬煤是煤中的精品，它燃燒以後，不會像軟煤那樣產生很多灰塵。當然，硬煤也比軟煤更昂貴。

賓夕法尼亞州東部盛產硬煤，西部盛產軟煤。由於挖煤需要在地下工作，因此對於礦工來說，白天和黑夜沒有區別。正是因為這些辛苦的礦工，我們在冬天才可以用到暖氣。但是，由於開採煤礦要進行大量挖掘，所以現在賓夕法尼亞州的地下已經出現很多空洞。

賓夕法尼亞州還有豐富的鐵礦資源，鐵礦通常混雜在岩石中。人們為了從鐵礦石中提煉鐵，要先將鐵礦石熔化成鐵水，然後再將鐵水冷卻凝固

成鐵。這個過程需要極大的熱能，因此人們燃燒煤來提供熱能。雖然世界上很多地方有鐵礦石卻沒有煤礦，或是有煤礦卻沒有鐵礦石，但是賓夕法尼亞州西部的匹茲堡卻是一個煤礦和鐵礦石都很豐富的地區，那裡的人們經常從鐵礦石中提煉鐵，再將鐵製成鋼，用來鋪設鐵軌或是架接橋樑。

### 【歷險手稿】——「兄弟城」

提到賓夕法尼亞州，一定要說到另一個重要城市，它是賓夕法尼亞州最大的城市，也是美國第三大的城市。它的名字源自於《聖經》，這就是華盛頓誕生以前的美國首都——費城，意思為「兄弟之愛的城市」。

費城有一座古老的建築，名字叫做「美國獨立紀念館」。廳裡有一口大鐘，過去每逢美國出現具有歷史意義的時刻，這口鐘就會響起，但是現在這口鐘已經不再響起，但是它對於美國的意義卻無法替代。

在距離費城不遠的大西洋城裡，擁有全世界最大的「浴缸」，它實際上是一片美麗的海灘，吸引

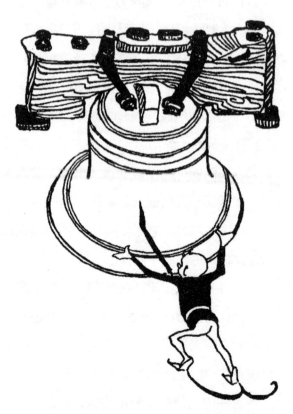

美國獨立紀念館的自由鐘已經出現裂紋

世界各地的人們來這裡享受鹽浴和日光浴。這裡的海邊，有一條寬闊的木質人行道，兩旁也有許多娛樂休閒設施。

如果你想要看木板路，就去亞特蘭大城

# 第 43 章：帝國之州的特別之處

如果你喜歡聽歷史故事，一定經常聽到「帝國」這個詞語。當你聽到人們說「帝國」的時候，就應該瞭解，一個「帝國」通常包含許多國家。因此，帝國經常人口眾多，經濟繁榮，資源豐富。在美國，有一個集合許多人與公司和錢的州，稱為「帝國之州」。這個州就是大名鼎鼎的紐約州。

紐約州最有名的城市是紐約，紐約在紐約州南部，「紐約」的名字是來自於英國一個被稱為約克的地方。當年，英國移民來到美國以後，將這裡稱為「新約克」。紐約一詞，是「New York」的中文音譯。現在的紐約比當年的新約克更大，它現在已經是全世界第二大城市。這裡高樓林立，聚集大量財富。紐約從來不缺少百萬富翁，很多人懷抱淘金夢來到紐約，希望自己躋身富豪行列，但是夢想不會輕易實現，所以紐約的窮人也很多。

紐約城裡有一個著名的島，它被印第安人稱為「曼哈頓」。據說最早的時候，白人只用價值24美元的物品，就從

紐約全景

印第安人手上買下這個島。但是時至今日，曼哈頓的一小塊土地都比當時全島的價格更高。也許你會問：「為什麼一小塊土地要那麼貴？」那是因為：一塊土地包含的不僅是泥土本身，還包括這塊土地上的高空和地下的資源，因此現在的紐約人才會拼命建造高樓，因為那些高聳入雲的摩天大樓和一層樓房佔地面積一樣，但是它的價值卻比一層樓房更大。

我認為紐約的樓房是世界上最神奇的樓房，就像《格列佛遊記》的大人國那樣，這裡的樓房如巨人般高大，無論風吹雨打和電閃雷鳴，它們總是堅定地站在那裡。這些巍峨聳立的高樓，正好印證紐約「追求更高」的格言。

就像美國硬幣上的「合眾為一」那樣，紐約樓房的高額建築費也是從點滴的硬幣湊起的。就是這樣不斷累積的精神，使得紐約擁有102層的帝國大廈。它在相當長的一段時間裡，都是世界上最高的建築。

此外，紐約還有幾棟世界級的「國會大廈」。一棟就是在第二次世界大戰以後為避免世界大戰再次爆發而建立的組織——聯合國的基地：聯合國總部大樓。

聯合國總部大樓剛成立的時候，就把建造地點定在紐約。不要看這座大樓外表普通，它是世界和平的象徵，也是國際穩定的保證。各國派遣代表經常在這裡進行和談，討論各種與國際形勢和國際爭端有關的事務。另一個具有世界級「國會大廈」意義的建築，就是紐約港的一座巨大銅像，它有一個響亮的名字，叫做「自由女神像」。

自由女神像手長約有五公尺，每根手指長兩公尺，手上高舉一個火炬，象徵「自由、前行」。每當有船隻經過這裡，人們看到自由女神像，就像看到家園和希望，很多人會大聲地歡呼：「我們終於回家了！我們回到自由的國度！」

曼哈頓島的西面是哈德遜河，東面是東河。在東河上，有一座布魯克

自由女神像

她的鼻子有四英尺半長，這麼大的鼻子
可以聞到所有味道吧

林大橋。這座橋下面沒有橋墩，橋身由無數根鐵索拉著。於是，遠遠看去，布魯克林大橋懸吊在半空，因此被叫做「懸索橋」。布魯克林大橋是世界上第一座又大又長的懸索橋。

這座橋剛建成的時候，人們懷疑這座沒有橋墩的橋究竟是否安全。這麼長的橋只依靠鐵索吊著，如果超過重量，鐵索斷裂，這座橋很有可能掉下去。而且，卡車和汽車從橋上通過的時候，橋身確實有些搖晃。可是，從一開始到現在，布魯克林大橋一直橫跨在東河兩岸，從來沒有倒下。

曼哈頓島附近有兩條世界聞名的街道，分別是百老匯大街和第五大道。百老匯大街在最開始的時候，只是一條短短的街道，但是由於它很寬闊，所以人們稱它為「大街」。後來，百老匯大街不斷地加長，於是有人戲言：「我們現在是否要稱它為『百老匯長街』？」

這條歷史悠久的街道上，有一段路每到夜晚就燈火通明，電燈和看板交相輝映，被稱為「白色大道」。距離百老匯不遠的第五大道是「時尚大道」，這裡涵蓋全世界的時尚品牌。

雖然每個人都知道紐約地價非常昂貴，但是紐約也有兩個很大的公園供人們休閒娛樂——中央公園和布朗克斯公園。中央公園因為佔地面積廣大而為人們熟知，布朗克斯公園是因為各種珍奇罕見的動物而聞名遐邇。

布魯克林大橋

### 【歷險手稿】——尼加拉大瀑布

紐約州西部的尼加拉大瀑布，不是世界上最寬最高的瀑布，卻是世界上最漂亮最壯觀的瀑布，每年都有無數的遊客來這裡感受壯闊的美麗。

為了讓遊客可以充分領略瀑布的恢宏，美國和加拿大建造一個碼頭和四艘遊船，其中以「霧中少女」遊船最有名。

「霧中少女」這個名字不是隨便取的，據說300多年以前，生活在此地的印第安人會在收穫季節的某一天，將部落的少女聚集在一處。這個時候，酋長站在中央，對空放箭，箭落在誰家，就由誰作為部落代表，裝上穀物和水果，出船送給水神。

少女順水而下，墜入飛瀑中，在遠處觀望，如同「霧中少女」一般，
這就是「霧中少女」的由來。

瀑布發出的轟鳴聲可以傳到幾英里之外

# 第 44 章：新英格蘭的成員

　　我的侄子對我說，他的帽子已經用了三年，很舊很舊。我一看，果然，那頂帽子已經破掉了，圖案也褪色。已經用過幾年的東西，不能稱為「新」東西。但是，美國有一個地方已經有三百年歷史，名字還有一個「新」字。

　　三百多年以前，有一群英國人越洋來到美國北部建立家園，他們把那個地方叫做「新英格蘭」。當地的印第安人發音不準確，無法念出「英國人」，只能發出「英格蘭人」的聲音。所以，從那個時候開始，新英格蘭地區的人被稱為「新英格蘭人」。

　　我們都知道，如果一個地方的土地不肥沃，而且還有很多石頭，並且非常寒冷，顯然不適合農作物生長。新英格蘭地區就是這樣一個地方，那裡的石頭很多，多到人們可以把它們撿出來堆柵欄。雖然新英格蘭地區的土地不肥沃，但是它卻有另一項特別的資源——瀑布。瀑布的水具有極大的力量，就像巨人的手臂一樣，可以推動工廠的輪子不停地轉動。利用豐富的瀑布資源，新英格蘭的工廠加工生產各種東西，成為美國的「製造工廠」。大到鐵軌和橋樑，小到別針和靴子，應有盡有。

　　新英格蘭地區包括美國六個州。這六個州之中，最重要的城市就是波士頓。但是，如果你來到美國，會經常聽到人們把波士頓稱為「輪轂」。「輪轂」是車輪的中心，車輪是繞著輪轂而轉動。人們把波士頓稱為「輪轂」，是因為波士頓的繁華讓人們覺得好像全世界都在圍繞它而轉動。

　　不知道你們是否喜歡打赤腳？我小時候非常喜歡打赤腳。赤腳走路

在很多國家是普通事情，可是在美國卻看不到這種現象。美國人都會穿著鞋子走路，他們的鞋子就是來自新英格蘭地區，當地生產的鞋子可以供應全美國。鞋子穿久以後會破掉，於是新英格蘭地區鞋廠裡的機器不停地轉動，長期生產大量的鞋子供應全美國。

新英格蘭地區除了生產大量的鞋子以外，還生產數量龐大的別針。新英格蘭康乃狄克州生產的別針，可以讓所有美國人用上一百年！也許你會好奇，為什麼需要這麼多別針？雖然別針不容易損壞，但是因為它比一般用品小，所以很容易遺失。你可以想像美國每年有多少別針遺失嗎？幾十億。在新英格蘭，線團也是主要產品之一。有一家工廠，一天生產的線團可以達到25000英里——可以繞地球一圈！

說到美國的度假勝地，絕對無法避開新英格蘭地區，這裡美麗的湖泊和瀑布吸引成千上萬的遊客。人們可以在這裡露營和打獵，也可以傍晚垂釣，體會大自然的魅力。

在新英格蘭的新罕布夏州，有一條山脈叫做白山山脈。它的獨特在於：其中一座山，是根據美國第一任總統的名字來命名，那就是——「華盛頓山」。華盛頓山是美國最高的山峰，所以許多人會去華盛頓山登頂。除了白山山脈，還有佛蒙特州的綠山山脈，這個名字的意思是「綠色山脈」。雖然綠山山脈不高，但是風景秀麗，吸引許多遊

鐘錶、線團、靴子、鞋子、縫衣針、別針

客。新英格蘭地區也是人們心目中絕佳的避暑勝地。在炎熱的夏季，美國其他地方都被太陽烤得像火爐，但是這裡卻依然很涼爽。

雖然新英格蘭有很多好地方，但是讓當地人最驕傲的就是當地的學校，這裡的學校譽滿全球。這裡有全世界最頂尖的兩所大學，就是在康乃狄克州的耶魯大學和在麻薩諸塞州的哈佛大學。

在麻薩諸塞州沿海，有一個有趣的地區，它的形狀像一根彎曲的長手指，一直伸向海洋，似乎是在邀請人們來這裡作客。這個地區被稱為「鱈魚角」，這裡是鱈魚的盛產地。當地的漁民把捕撈上來的鱈魚曬成魚乾，賣給世界各地的市場。

## 【歷險手稿】——「美國雅典」

波士頓是美國最古老的城市，美國的棒球和籃球就是發源於這裡，世界第一條電話線和第一條電燈街道也是誕生於波士頓，可見其深厚的文化底蘊。

波士頓因為在文化、藝術、時尚的特殊地位，一直被奉為「美國雅典」。美國哈佛大學和麻省理工學院就在波士頓。2002年，富比士雜誌將波士頓公立學校系統列為美國最好的城市學校系統。

# 第 45 章：聚集在一起的「五大湖」

　　在美國地圖上，我們可以看到美國北部有五個水坑。說它們是水坑，是因為它們看起來就像是水從雨傘上滴下來，最後聚成水坑一樣。當然，想要聚成這五個水坑，這把雨傘一定很大。這五個巨大的水坑，被稱為「五大湖」。伊利湖和安大略湖是其中兩個最小的湖，剩下的三個湖是：密西根湖、休倫湖、蘇必略湖。這三個湖中，密西根湖和休倫湖的名字是印第安語。「密西根」在印第安語中，是「大湖」的意思，可是五大湖中最大的不是它，而是蘇必略湖。在五大湖中，完全屬於美國的只有密西根湖，其他四個湖是美國和加拿大共同擁有。

　　蘇必略湖還有一個「最」，那就是——地勢最高。高地勢使得它的湖水通過聖瑪麗河傾瀉而下，形成巨大的瀑布，最終匯入休倫湖中。我們經常說的「聖瑪麗急流瀑布」就是它，人們利用蘇必略湖的地勢開鑿運河。運河借助水閘的力量，幫助船隻自如的上下。為了滿足大量船隻通行的需要，原本只有一條運河，逐漸發展為五條運河。

　　運河開通以後，大量船隻在這裡來往航行。當你在船上向遠處眺望，一望無際的水面上，只能看見洶湧的波濤，你會覺得是在海洋上航行。不同的是，你喝一口湖水，會發現它不像海水那麼鹹，因為它畢竟是淡水湖。

　　美麗的五大湖，也吸引人們去那裡度假，享受陽光和沙灘，但是大多數船隻不是來這裡享受，它們穿梭於湖泊之中，是因為要運送貨物。與火車相比，船運有很多優勢。它裝載的東西比火車多，運費也很便宜，因此

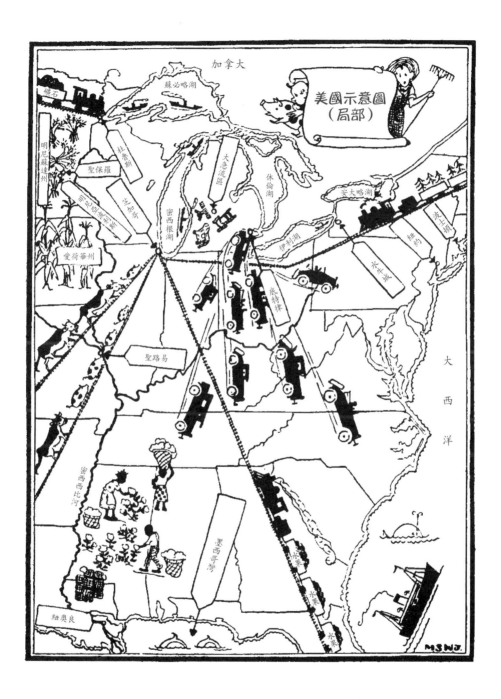

住在海邊或是湖邊的人擁有天然的優勢。

　　幸運的是，在美國50個州中，有8個州在五大湖旁邊，但是其中幾個州只有一些地方與湖區相連。與五大湖連接最緊密的是密西根州，密西根州與其中四個湖距離很近，只有與安大略湖距離比較遠。

　　湖上的船隻，大部分都是從蘇必略湖一端的杜魯斯起航。人們用火車將小麥和鐵礦運送到這裡，然後湖邊的機器「手臂」會將火車上的小麥和鐵礦放到船上。就像我們小時候的玩具，用兩個指頭夾住火車上的玩具汽車，然後把它拿下來。

　　在密西根州緊鄰蘇必略湖的地區，人們會透過聖瑪麗運河，把貨物運送到一個叫做底特律的地方，底特律在休倫湖和伊利湖之間。或是，人們會把銅礦石和鐵礦石運送到水牛城。船隻卸下貨物以後，有時候會裝載當地的新貨物運回杜魯斯。

　　不要看湖上平時船隻來往頻繁，到了冬天，湖水結冰以後，湖面上就是一片寂靜。

　　在密西根湖附近，有兩個很「親密」的州，它們看起來就像兩個孩子緊密地依偎在窗戶，這兩個州就是伊利諾州和印第安納州。在密西根湖南面的是伊利諾州，那裡有美國第二大的城市——芝加哥。事實上，「芝加哥」也是印第安人的名字。

　　芝加哥不僅有全世界最繁忙的鐵路，同時還是享譽世界的「肉店」。世界上有很多種動物，但是我們經常吃的有三種：豬肉、牛肉、羊肉。聰明的芝加哥人，飼養許多豬、牛、羊。想要讓動物長得又肥又壯，就要給牠們好的飼料，動物吃玉米最會增長肥肉。美國有很多州都種植玉米，但是沒有比愛荷華州種植更多，因此愛荷華州又有一個名字——玉米州，芝加哥人會從其他州購買玉米來餵養牲畜。

　　芝加哥人在加工肉製品以後，會把它們凍在冰庫中，用輪船運送到各

個地方，甚至出口到歐洲，因此芝加哥是享譽世界的「肉店」。我早晨吃的烤肉、中午吃的三明治火腿、晚上吃的烤牛肉，沒有一樣不是來自芝加哥。

## 【歷險手稿】——摩天大樓的故鄉

提到摩天大樓，人們總是會想到紐約，但是美國最宏偉的大廈不是在紐約，而是在芝加哥。

1885年，一位名叫威廉・詹尼的建築師，建造第一座高層建築，在當時震撼全世界。不久之後，芝加哥以高樓林立的全新面貌，出現在世人面前。例如：阿摩科大廈，高82層，為世界上最高的大理石貼面樓；湖心大廈，高70層，是世界上最高的公寓樓；雙子星大廈，高60層，是一棟長得很像玉米的建築，上面是公寓，下面是商店、餐廳、銀行、電影院等商業設施，住戶可以不必出樓，解決衣食住行等問題，所以這對並連的大廈又叫做馬里納城，城中之城的意思。在這些摩天大樓中，遠近馳名的就是美國的最高樓房——西爾斯大樓，高443公尺，地上108層，地下3層。

現在，芝加哥40層以上的大樓有50座左右。整個芝加哥城，就像一場永遠不落幕的建築博覽會，展示很多建築大師的作品，不愧為摩天大樓的故鄉。

# 第 46 章：美國最大的河

美國不僅有「百川之母」，還有「百川之父」。它就是美國最大的河——密西西比河。注意，這條河的名字裡，有兩個「西」。

如果讓你畫一棵沒有葉子的樹，你會怎麼畫？也許你會先畫一根樹幹，再畫一些大樹枝，在大樹枝上再延伸一些細小樹枝，最後再添上一些更小的樹枝。如果讓你畫一條河流，你會怎麼畫？或許你會畫許多藍色的波浪線。其實，樹木和河流有些類似，它們都有一個主幹，在主幹上有很多分支。但是，河流和樹木的區別也很明顯：

樹木是從下往上長，河流是容納支流到主流中。

樹木的水是從根部運送到頂端，河流的水是從上游流向下游。如果一條河流沒有很多支流，它的寬度就會始終一致，有支流的河流才會越來越寬。

密西西比河可以成為美國最大的河流，就是因為途中不斷有河流匯入其中。密西西比河始於美國最北端的一個小湖，也就是明尼蘇達州的伊塔斯加湖。密西西比

河離開那裡以後，一路上吸納眾多支流，在經過一段艱難旅程以後，密西西比河最後流入墨西哥灣。

在墨西哥灣的入海口，有很多巨大的磨坊。在密西西比河的源頭以及經過的區域，正是全世界小麥產量最多而且品質最好的地方。人們在這裡建造磨坊，是為了碾磨小麥，將小麥碾成麵粉，加工成為我們喜歡吃的麵包。

在密西西比河匯入墨西哥灣的途中，經過許多城市，其中最大的城市是聖路易。在它的附近有密西西比河最大的兩條支流：由西匯入的密蘇里河和由東匯入的俄亥俄河。

由於密蘇里河又寬又長，所以人們有時候會感到迷惑，到底密西西比河和密蘇里河誰是支流，誰是主流。如果把這兩條河加起來，不僅是美國最大的河流，也是世界上最長的河流。

沿途不斷匯入支流以後，密西西比河越來越寬，水量也逐漸增大。每當春季來臨，大量水流隨著各種支流一併匯入密西西比河。但是水量過大過急，就會發生洪水。於是，人們在容易發生洪水的地方建起堤壩，這樣的河堤叫做防洪堤。可是，有時候水量實在太猛，堤壩仍然會被沖毀。

密西西比河最後經過的城市是紐奧良。我一直不知道，為什麼要把河流入海的地方叫做「河口」，因為我們在喝水的時候，水順著嘴巴進入身體，河流卻正好相反，它是順著河口流出。

密西西比河的源頭十分寒冷，因為那裡位於美國北部，所以冬天非常寒冷。但是越往南就會越溫暖，紐奧良就是一個溫暖的地方。在那裡，鮮花會在聖誕節盛開。

在密西西比河的發源地附近，你看到幾乎都是白人，但是當河流進入南部地區，你會發現岸邊有很多黑人。他們在做什麼？他們在種植棉花。就像那首歌一樣，「迪克西蘭，就在白棉花盛開的土地上。」這一帶也有

一個「最」，那就是——全世界棉花產量最多。

　　說到種植棉花，還有一個小故事。美國起初沒有棉花，後來英國一家棉布廠把棉花帶到馬里蘭州，不料這種花朵來到這裡以後，竟然把這裡變成最大的棉花產區。

　　棉花是一種低矮灌木，它的花朵被包裹在白色的棉球中。在棉球裡，我們還會看到許多種子。採摘以後的棉花必須和種子分開，才可以用來紡線。棉線的用處很多，棉布、棉衣、棉質毛巾、棉靴，每一樣都離不開它。

棉花大王

　　以前由於人們要花費很長時間才可以把種子和棉花分開，所以棉質的東西很昂貴。直到一個男教師發明一種可以很快從棉花中分離出種子的機器，棉質的東西才沒有那麼昂貴，這種機器叫做軋棉機。

　　我們現在也許無法想像沒有棉花的日子是什麼模樣，當初只是供人們觀賞的花朵，現在卻成為人們最好的朋友，所以經常有人稱棉花為「棉花大王」。

### 【歷險手稿】——美國「雙子城」

　　在密西西比河河邊，有兩個面積幾乎相同的城市，它們由一座大橋相連。這兩座城市被稱為「雙子城」，一個是明尼亞波利斯，意思為「水

城」；另一個是聖保羅。

　　兩座城市雖然距離很近，但是卻有完全不同的「氣質」。明尼亞波利斯是一個思想前衛的年輕城市，到處都是咖啡館、民族餐館、搖滾俱樂部，以及許多被稱為小蘋果的劇院。相比之下，聖保羅顯得有些莊重，它沒有都市的嘈雜，只有遍地的教堂，撫慰都市中浮躁的人們。

# 第 47 章：每個人都喜愛的佛羅里達州

有一些鳥類，在冬天會飛到溫暖的南方過冬。在美國北部，一些人也會為了躲避寒冷去南方過冬。這些人最喜歡去的地方就是「鮮花之都」，那裡是美國最南部的州——佛羅里達州。在通往佛羅里達州的旅途中，你會看到很多來自其他州的車子，在當地人看來，這不是什麼稀奇的事情。要知道，佛羅里達州是名副其實的避寒勝地。

佛羅里達州有一個久負盛名的傳說：很久以前，人們在這裡發現「青春之泉」。它可以讓滿臉皺紋的老太太變成青春美麗的姑娘，也可以讓白髮蒼蒼的老爺爺變成身體健壯的青年。這個傳說吸引許多白人來到這裡，正因為如此，佛羅里達州才有白人。但是，無論是當地人還是其他人，都沒有發現「青春之泉」，卻不影響人們對這裡的喜愛。有一些老人經常說，在佛羅里達州過冬以後，感覺自己變得年輕。

佛羅里達州彷彿聚集美國最燦爛的陽光，燦爛的陽光吸引許多人來這裡旅遊。當遊客來到這裡以後，當地人要為他們提供各種服務，以滿足他們的需求。有些人經營飯店，有些人種植新鮮蔬菜，把它們運往寒冷的北部。

美國北部一到冬天就無法種植蔬菜，所以那裡的人們只能吃一些蔬菜罐頭和冷凍蔬菜。蔬菜也有季節，就像全球頂尖的籃球賽事NBA有固定的賽季，所以在北部如果沒有棚架，只能在夏季吃到西瓜。

佛羅里達州四季如春的氣候，可以讓當地人一年四季種植各種蔬菜和水果。當地人會將這些新鮮的蔬菜和水果運送到北部，讓北部的人們不僅

可以在聖誕節吃到美味的草莓，而且全年也有新鮮的蔬菜和水果吃。

在佛羅里達州盛產的各種水果中，最著名的就是葡萄柚和柳橙，這兩種水果遇到霜凍就會無法生長。佛羅里達州舒適的氣候，為這兩種水果的生長提供極佳的條件。

葡萄柚的果實像葡萄一樣簇擁生長，看起來就像是許多串金黃的葡萄，所以被稱為「葡萄」柚。佛羅里達州生產的葡萄柚不僅味道鮮美，而且產量在全世界是最多的。

佛羅里達州的誘人之處，不僅在於舒適的氣候和香甜的瓜果，當地著名的景點——溶洞，也是吸引遊客的一個法寶。可以毫不誇張的說，美國最著名的景點之一，就是在維吉尼亞州和肯塔基州的溶洞。

這些溶洞一般都非常大，所以人們把它們叫做「長毛象洞」。看過《冰原歷險記》嗎？其中一個主角就是「長毛象」。由於長毛象的體型十分巨大，因此經常被用來形容龐大的東西。

溶洞就像一個巨大的地窖，可以容納一個城市，包括城裡的所有建築。巨大的溶洞很容易讓人們迷失方向，很久之前有些人在這裡迷路，再也沒有出來。

多汁的葡萄柚

開鑿溶洞的「工人」非常小，它是滴水。水可以溶解糖和鹽，但是你或許想不到，水還可以溶解石頭。可以被水溶解的石頭十分特殊，它就是

我們之前說過的石灰岩。溶洞裡的岩石，全部是石灰岩。

水從洞頂一滴一滴地往下，溶解的石灰岩存在於每一滴水中，久而久之，石灰岩形成向下的石柱——鐘乳石。水沿著鐘乳石往下滴，慢慢的，地面也有石柱。這些石柱越積越高，鐘乳石往下垂得越來越長。逐漸地，鐘乳石和石柱連在一起。

洞頂滴下的水，除了形成鐘乳石以外，還會在底部形成水池，池裡有一種與眾不同的魚。這裡的魚沒有眼睛，這是因為洞裡沒有光線，十分昏暗，即使魚有眼睛也看不見東西。日復一日，年復一年，魚的眼睛慢慢退化，就變成沒有眼睛的魚。但是，已經習慣洞內環境的魚，依然可以憑藉以前有眼睛的部位，感知周圍的變化。

巨大的溶洞

## 【歷險手稿】——佛羅里達州的外貌

佛羅里達州的形狀很特別，就像一隻小狗的爪子。這個「爪子」，是由海洋裡的貝殼和魚類骨頭的遺跡堆積而成。

這種含有貝殼和魚類骨頭的石頭，就是我們經常說的石灰岩。我們熟悉的大理石，就是石灰岩的一種。這些石頭之所以被稱為石灰岩，是因為它們可以像石灰一樣燃燒。

在地球運動的漫長歲月中，有些地方會下陷，有些地方會上升，美國就是由這些上升地區組成的。只是，這些上升的地方，在很多年以前也在海底。也許你會問，我是怎麼知道的？這得益於石灰岩的發現。在美國很多地方，包括山頂上，都發現含有貝殼和魚類骨頭的岩石。

# 第 48 章：開著大篷車去淘金

在很長一段時間裡，美國人只在密西西比河東岸活動，很少人去野獸遍山和山脈連綿的對岸。後來，有一群人跨過密西西比河，來到對岸。這些人之中，有些是捕殺野獸的獵人，有些是傳教的牧師，還有一些人，好奇膽大，他們是探險者。究竟是什麼吸引他們到那裡？

有一天，一個人告訴另一個人，不知道是誰在美國最西部的加州發現黃金。加州瀕臨太平洋，據說在那裡，隨便從河裡撈一盆沙子，就可以從中撿出黃金。

天啊，西部擁有這麼多黃金，而且很容易被找到。於是，人們紛紛放下手中的工作，關上店鋪，把棉被和乾糧放在馬車上，帶著槍向遙遠的西部前進。美國歷史上最著名的淘金浪潮，就是這樣開始的。

去西部的路途遙遠艱辛，為了遮風擋雨，人們在馬車上架起一個篷子，「大篷車」就是因此得名。

早年的西部，人煙稀少，一片荒蕪，就連道路也沒有。淘金的人們只是依靠感覺走，於是在一路顛簸中，有些人病倒再也沒有起來，有些人被印第安人殺死，有些人迷失方向，在荒野中饑渴而死。

最終，有一群人歷盡千辛萬苦，來到美國最西部的加州。在那裡，他們透過淘金發財致富，那一年是1849年。後來，人們就把當年那些淘金者叫做「四九淘金者」。

美國第一條通往太平洋的鐵路從芝加哥出發，沿著中央路線，最後抵達舊金山。現在，要從芝加哥到太平洋沿岸有很多選擇，無論向南或向北

都可以到達。如果坐飛機，一天之內就可以到達，與當年「四九淘金者」歷經艱辛才可以到達西部相比，不知道方便多少。

從「四九淘金者」到達加州開始，開墾西部的號角就吹響了。人們開始修建公路和鐵路，城市和村莊慢慢出現，印第安人對這些外來者的態度也逐漸溫和。有時候，印第安人的土地會被一些美國的白人佔用。後來，為了補償這些印第安人，佔用印第安人土地的白人會送一些另外的土地給印第安人。這些送給印第安人的土地，被稱為「預留地」。與我們平時在戲院裡看到的「預留座位」，是相同的意思。

交通的發展促進西部的開發，以前人們經常說：「年輕人，如果想要發財，就去西部吧！」當年，確實有很多人前往西部，但是他們的目的不是淘金，而是為了土地。

當時，美國有一項政策：願意在西部種植玉米的人，可以免費獲得那裡的土地。於是，人們紛紛湧向密西西

把棉被和乾糧裝上馬車，淘金者踏上往西邊去的淘金路

比河西岸的奧克拉荷馬州和德州，以及其他一些地方。可是這些人沒有如願獲得土地，因為他們在開墾農田以後，田裡不斷有石油冒出來，嚴重影

響水質和莊稼生長，於是他們放棄土地，搬到其他地方。

除了石油之外，你還知道哪些油？整體來說，總共有三種油——植物油、動物油、礦物油。有一個很有趣的遊戲，就是「動物、植物、礦物」的遊戲。在遊戲中，有一個負責發號施令的「老人」，只要他喊出「植物」，你就要在他數到十之前，說出任何一種植物，例如：「馬鈴薯」、「番茄」、「黃瓜」……如果他數到十以後，你還說不出來，就要接受處罰！如果喊出「動物」或「礦物」，你也要做出相同的反應。這裡所說的「礦物」，就是除了植物和動物之外的東西。為了避免接受處罰，教你一個聰明的技巧，無論聽到「植物」、「動物」、「礦物」，就說「油」，絕對不會出錯。

正如我們所知，有一些植物油和動物油都是很好的食品，例如：橄欖油和魚肝油，但是礦物油不能隨便吃。礦物油的作用，主要是透過燃燒來發光發熱。有從礦物油中提煉出來的汽油，汽車才可以開動。現在，礦物油更是極大地發揮價值，很多藥物和燃料與香水都要用到它。

正是因為看到礦物油的巨大價值，之前那些放棄農田的人們突然意識到，礦物油的價值比種植莊稼和飼養動物更大。於是，人們開始挖掘油井，開採礦物油。這些礦物油被我們稱為石油，意思是「石頭中的油」。有一些地方，不必挖掘油井就會自己噴出油，這種地方被叫做「自噴井」。

還記得盛產玉米的愛荷華州嗎？如果你沿著中部的鐵路線出發，穿過這個「玉米州」，再穿過內布拉斯加州，會發現地勢越來越高，最後到達的就是科羅拉多州。這是一個以西班牙語命名的州，意思為「紅色」。科羅拉多州在美國最高峰洛磯山脈的山腳，丹佛是它的首府。有意思的是：從丹佛到芝加哥與到太平洋的距離幾乎相同。

**【歷險手稿】——齒輪火車**

在丹佛攀登洛磯山脈，是一個不錯的選擇。只要你有健全的心肺功能，並且熱衷於爬山。派克是歷史上第一個嘗試登頂的人，雖然他在中途放棄，人們還是把他登過的那個山峰命名為「派克峰」，以此來紀念他。

為了方便遊客登山，山上開通公路和鐵路，這樣一來，遊客也可以坐車登上派克峰。你一定很好奇，山勢那麼陡峭，火車不會掉下來嗎？如果使用一般的鐵軌，火車一定會像雪橇那樣滑下去。開發者為了避免發生這種情況，在山上的兩條鐵軌中間，鋪設一條特別的齒軌，火車的車輪也帶有齒輪，行駛的時候就是齒輪卡著齒軌，火車就不會掉下去。

上帝的花園

# 第 49 章：科羅拉多大峽谷

說到仙境，也許你會想到《愛麗絲夢遊仙境》。其實在美國西部，確實有一個「仙境」。那裡的一條河谷，絕對可以算是一個奇蹟。這條河谷被美國的西班牙裔居民叫做峽谷，也就是我們通常說的科羅拉多大峽谷。雖然這個峽谷叫做科羅拉多大峽谷，但是它不在科羅拉多州，而是在亞利桑那州。

在科羅拉多大峽谷最深的地方，甚至可以達到1英里。在1英里之下，是科羅拉多河。從峽谷上看下去，它彷彿變成一條細線。科羅拉多大峽谷的形成，是由於科羅拉多河長年累月的沖刷。

記得我在那裡旅行的時候，曾經好奇地問導遊大峽谷兩邊相距多遠。

「很遠。」這是導遊給我的回答。

站在峽谷的一邊，向另一邊望去，會看到高聳的岩壁。這些岩壁與一般灰色牆壁不同，是由五顏六色的岩石堆積而成，在陽光的照耀下非常美麗。為什麼這些岩壁會有這麼多顏色？是誰畫上去的？這些岩壁之所以會有顏色，是因為這些岩壁都是石灰岩或砂岩。這些岩石中，含有銅或鐵等礦物質。如果岩石中含有鐵，就會變成鐵鏽色；如果岩石中含有銅，就會變成綠色。所以，我們會看到黃色、紅色、綠色、橙色、紫色……

如此美麗的景色，怎麼才可以帶走它？那裡有一種紀念鉛筆，在鉛筆頂端有一個小孔，就像針眼一樣，用一隻眼睛往裡面看，可以看到科羅拉多大峽谷的全部景象。神奇吧！透過這個小孔，就可以看到壯觀的大峽谷景象。想要將科羅拉多大峽谷的景象帶走，買一支這樣的鉛筆是不錯的選

擇！

如果你去科羅拉多河支流經過的一些峽谷，也許會看到峽谷上的房屋，不要感到驚訝。很久以前，確實有人住在岩洞裡。岩洞中的房屋，是這些「懸崖居民」的防禦堡壘。

順著科羅拉多大峽谷往北走，就是猶他州。當地有一個大湖，

科羅拉多大峽谷

你可以往下看到幾乎一英里深的峭壁

但是不同於「五大湖」。五大湖的水是淡水，這個湖的水是鹹水，「大鹽湖」就是在說它。事實上，這應該是一個小海洋，因為它只有流入的河，沒有流出的河，與海洋一樣。

也許你會問，這個湖為什麼是鹹的？這與海水是鹹的原因相同。海水為什麼是鹹的？是因為河流在匯入海洋的時候，攜帶地面的鹽分。如果你不小心摔倒，嘴裡吃進泥土，也許會感覺到淡淡的鹹味。雖然河水流過地面的時候帶走一些鹽分，但是每條河帶走的鹽分很少，以至於鹹味在河水中嘗不出來。但是日積月累，積少成多，海洋匯集許多河流的鹽分。鹽分不像海水可以蒸發掉，海水越來越鹹也就不難解釋。

大鹽湖的鹽分含量很高，甚至比海水更鹹。之前我們說過，水可以浮起很多東西，具有高鹽分的鹹水具備更大的浮力。在大鹽湖裡，你可以站著，也可以坐著，還可以把大鹽湖當作沙發。更誇張的是，你可以舒服地躺在水裡，即使你不會游泳，也完全不必擔心會溺水。在大鹽湖裡享受

的前提是：不能讓鹹水進到嘴裡，身上也不能有傷口，碰到鹹水的傷口會很疼。如果有一天，海洋裡的水和大鹽湖的水一樣鹹，發生沉船事故的時候，人們就會像軟木塞一樣浮在海面上，或許可以倖免於難。

順著大峽谷再往北，就是懷俄明州。當地有一個地方在地圖上看，簡直就是「州中之州」，那就是——黃石公園。

懷俄明州是一塊寶地，這裡的東西形態奇異，有趣可愛。美國政府覺得人們一定會喜歡這些東西，於是在這裡建立黃石公園。經過幾年的發展，當地的飯店和交通已經很完善。

在黃石公園裡，我們可以看到許多野生動物，但是在這裡禁止捕獵。禁止捕獵的政策，在保護動物的同時，也使動物不會擔驚受怕，所以這裡的動物很溫馴，遊客可以和這些動物親密合照。

黃石公園的獨特之處，在於它的泉水。由於當地非常炎熱，就連地面以下也不涼爽。如果在其他地方喝泉水一定是冰涼可口，但是這裡的泉水或許會燙傷喉嚨。因為黃石公園下方有許多高溫熔岩，正是它們加熱地下水。這些高溫熔岩甚至把地下水加熱至沸騰，所以你在公園裡可以發現滾燙的泉水。如果你把一

峭壁上的家

條魚放進滾燙的泉水，魚很有可能被煮熟。

## 【歷險手稿】——「間歇泉」

在黃石公園，有一種叫做「間歇泉」的泉水。在地下蒸氣的作用下，它們每隔一段時間噴出一次。有些間歇泉很壯觀，有些間歇泉很漂亮。「老實泉」是其中一個著名的間歇泉，每隔一個小時左右噴出一次，就像一個巨大的水龍頭往空中噴射漂亮的水花。而且，這個泉水每次噴出的間隔時間都是相同的。所以，人們把「老實泉」這個稱號送給它。

# 第 50 章：「世界之最」最多的地方

如果有一個地方，在那裡，你可以找到最美味的橘子、最大的李子、最甜的葡萄、最高的樹木、最巍峨的山峰。不僅如此，那裡還有最舒適的氣候。你會不會認為，那裡就是全世界最讓人們幸福的地方？還記得我們之前提到的加州嗎？所有的「之最」都在那裡。

你可以想像嗎？加州的樹，高到直衝雲霄。這些樹不僅高而且大，人們可以在它們粗壯的樹幹上開鑿隧道，汽車還可以從隧道中通過。這些樹的年紀很大，它們在耶穌誕生以前就開始生長。也許你會好奇，這是什麼樹？這些樹就是我們經常說的加州紅木。這些老樹是地球變遷的親身經歷者，如果它們可以像童話故事裡一樣開口，或許願意把自己看過的許多神奇故事說給我們聽。

除了我們之前說過的「最」，加州還有哪些「最」？

加州是美國最長的州，如果從加州某一端走到另一端，就等於從佛羅里達州走到紐約。

美國本土最高的山峰——惠特尼峰在加州，但是美國海拔最低的地區也在加州。加州有一個山谷，如果把它和大海放在一起，我們會發現：它比大海低兩百多英尺。

這個山谷的谷底炎熱乾燥，除了喜歡生活在炎熱環境的有角蟾蜍和有角蜥蜴以外，沒有任何其他的動植物。有些人說，有角蟾蜍和有角蜥蜴也可以在火裡生長，應該只是一個傳說。

這個山谷有一個可怕的外號——「死亡谷」，幾乎沒有人可以從這裡

走出來。曾經有人去山谷中尋找黃金，但是他們都因為迷路無法走出來。有些勇敢的探險者想要穿越山谷，但是他們在出來之前就因為高溫缺水而死亡。

加州有可怕的死亡谷，也有美國最美麗的山谷，就連它的名字也讓人們心醉——「優勝美地」。在優勝美地中，有很多漂亮的瀑布，其中有一道瀑布因為在水落地之前全部蒸發為水霧，看起來很像新娘的面紗，所以人們給這個瀑布一個美麗的名字——「新娘面紗瀑布」。這裡的瀑布不僅漂亮而且很高，其中有兩道瀑布達到0.25英里高，它們是美國最高的瀑布。所以，這兩道瀑布又給加州增加兩個「最」。

除了這些「最」之外，加州還有最甜的橘子、最酸的檸檬、最大的葡萄。但是，這些水果原本不是在加州生長，是西班牙人把這些水果帶到美國。西班牙是盛產橘子和檸檬的地方，第一批西班牙人到美國定居的時候，他們把橘子和檸檬的植株帶到美國。從此之後，這兩種水果就在加州和佛羅里達州生根。

西班牙人不僅帶來可口的水果，還在這裡建造許多西班牙風格的建築。他們用西班牙名字給城市命名，例如：洛杉磯的西班牙語意思是「天使之城」。他們也用聖人的名字給這裡的城市命名，例如：聖法蘭西斯科（舊金山）和聖塔芭芭拉。

「天使之城」洛杉磯，是太平洋沿岸最大的城市，全球最著名的影視中心好萊塢就在它的附近。它的北面是舊金山，面積與洛杉磯差不多。

舊金山擁有世界上最好的港口，這個港口在長達50英里的海灣邊，來往的船隻通過金門在這裡靠岸。水路如此發達，陸路怎麼樣？在舊金山駕車，是一件困難的事情，因為整個城市都建造在山上。但是，這些建造在山上的房屋，都是最佳的觀景點。在那裡，海灣和金門以及遼闊的大海，都可以盡收眼底。

大家不要只是遐想美麗風景和香甜水果。讓我們開動腦筋，猜一個謎語：什麼東西沒有腳，卻可以跳得和華盛頓紀念碑一樣高？

在奧勒岡州和華盛頓州之間，有一條以哥倫布的名字來命名的河——哥倫比亞河。在哥倫比亞河裡，你會看到一種大魚——鮭魚。鮭魚媽媽產卵之前，生活在海洋的鹹水裡，為了尋找安靜的地方產卵，牠們會越過瀑布，來到哥倫比亞河的淡水中。

瀑布那麼高，鮭魚媽媽是怎麼越過的？其實，牠們是跳上去的。你一定感到疑惑：鮭魚沒有腳，怎麼可以跳上去？原來，鮭魚跳躍瀑布的時候，會把尾巴捲起來以增加彈性，這樣一來，就可以跳得和華盛頓紀念碑一樣高。

什麼動物可以跳過華盛頓紀念碑？

## 【歷險手稿】——夢幻工廠好萊塢

在洛杉磯市裡，有一個誕生許多聞名世界的影視作品的地方，在那裡可以看到許多國際巨星。沒錯，那裡就是影視工作者的夢幻故鄉——好萊塢。好萊塢擁有天然的優勢，不僅氣候良好而且陽光充足，特別方便拍攝影視取景。

在好萊塢大道上，最著名的地方就是中國戲院。它的門前有一塊水泥地，不要小看這塊水泥地，上面留下很多國際巨星的手印、鞋印、簽名。

此外，在好萊塢大道上有一個蠟像館，陳列世界各國明星的塑像，吸引人們的目光。

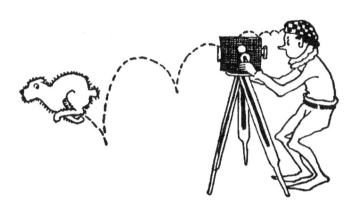

好萊塢是世界上最大的電影製作中心

# 第 51 章：天高地廣的加拿大

加拿大是一個地廣人稀的國家，它雖然擁有廣大的領土，但是全國的人口還不到紐約州人口的兩倍。由於加拿大北部冬季非常寒冷，所以大多數人都選擇南部地區居住。由於加拿大南部靠近美國，所以在這裡生活的人們也養成類似於美國人的生活習慣。而且，這裡種植的作物也跟美國北部很類似。與美國一樣，加拿大也是世界上主要的小麥生產國。

在加拿大，你還可以看見橡樹和楓樹。它們沒有常青樹堅強，秋天的時候，它們的葉子就會變黃落下。然而在加拿大最北端，只能看到耐寒的松樹和雲杉等樹木。這些樹木不僅可以抵擋嚴寒，而且它們在冬天也不會掉葉，一年四季都是綠油油的，因此這些樹木被稱為「常青樹」。

通常，人們會用木材來製作傢俱，但不是所有樹木被砍伐以後都會做成傢俱。人們會根據木材質地的不同，將它們做成書籍或報紙。常青樹的木材質地柔軟，是很好的造紙材料。

一個城市一天發行報紙的紙張，需要幾英畝的樹木。僅僅供應一份報紙一天的紙張需求，就會有很多樹木被砍伐。美國報紙所用的紙張，大多數來自加拿大。加拿大當地人每天都在林場裡砍伐大量樹木，這些木材被送進工廠裡先做成木漿，再做成紙張，最後運送到美國。這樣一來，各種報紙才可以順利發行。但是，這樣做也會讓森林急劇減少。

不是只有常青樹才可以忍受寒冷，因紐特人也可以。我們之前說過因紐特人，他們生活在寒冷地區。在加拿大的北部地區，也有因紐特人。還記得他們的房屋是什麼模樣嗎？因紐特人的房屋不是用磚瓦建造，而是用

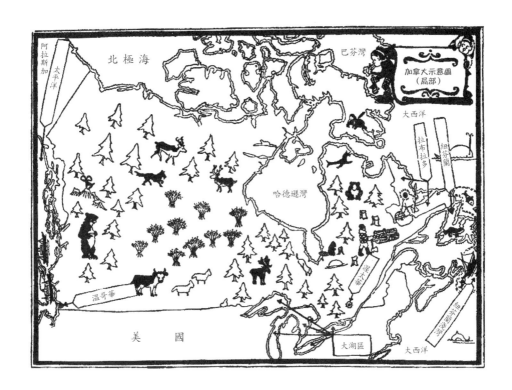

冰雪建造。有時候，因紐特人會在結冰的湖面上鑿一個洞，然後從洞裡釣魚。

　　我以前飼養過一條體型龐大的紐芬蘭犬，牠有厚厚的毛，一頓可以吃很多東西。這種犬就是來自加拿大大西洋沿岸的紐芬蘭。最早到達紐芬蘭的歐洲人是一個英國人，但是現在紐芬蘭是加拿大的一部分。

　　紐芬蘭有絕佳的捕魚場所，在紐芬蘭沿海有「大淺灘」，那裡的水淺淺的，人們在這裡可以捕撈很多魚。這裡經常有成千上萬的小船，船上的人盡情捕魚，直到船載不下為止。不幸的是，有時候會有大型汽船不小心撞到小船。這個時候，小船會連人帶船沉入海底。大型汽船撞到小船的事情經常發生，這是因為大淺灘附近經常濃霧瀰漫。每當此時，船員們無法看清楚海面情況，也很難辨別方向。

　　加拿大有一個叫做哈德遜灣的海灣，它與墨西哥灣幾乎大小相同。哈

德遜灣與我們之前說過的哈德遜河有什麼關係？哈德遜灣與哈德遜河都是根據它們發現者的名字來命名。聰明的你一定想到了，它們的發現者是同一個人。除了發現者是同一個人以外，哈德遜灣與哈德遜河沒有其他任何關係。

哈德遜灣冬天非常寒冷，冬天的時候，那裡的海面全部被冰封住，當地幾乎沒有其他人居住。但是，那裡有少數人會捕獵野生動物。野生動物的皮毛，是一件天然的大衣。在冬天，它可以幫助野生動物抵禦嚴寒，然而它也成為野生動物遭受不幸的原因。

原來，捕獵野生動物的獵人，就是針對野生動物的皮毛而去。獵人抓到野生動物以後，會把牠們的皮毛剝下來做成皮草，再以高價出售。這些獵人不是一般的獵人，他們都是來自經營皮草貿易的哈德遜灣公司。

## 【歷險手稿】——加拿大國徽

如果你有機會看到加拿大國徽，會發現它非常複雜。

在加拿大國徽中間有一個盾，盾面下方是一支三片楓葉。楓樹是加拿大的象徵，是加拿大人民心中的國樹。在盾面的上方，有三頭金色的獅子，一頭直立的紅獅，一把豎琴和三朵百合花。獅子、紅獅、豎琴、百合花，蘊含加拿大的歷史，它們象徵加拿大與英格蘭、蘇格蘭、愛爾蘭、法國之間的關係。在國徽下方還有綬帶，上面用拉丁文寫著「從海洋到海洋」，標示加拿大西瀕太平洋和東臨大西洋的地理位置。

# 第 52 章：戰神的國度

有一天，九歲的侄子在我家玩。吃晚飯的時候，我發現他仔細地啃著一片麵包。

「你在做什麼？」我問他。

他立刻把麵包放在桌布上，然後指給我看。我一看，原來他把麵包咬成美國地圖的形狀。他指著麵包，驕傲地說：「你看，這裡是阿拉斯加州，那個角落是佛羅里達州，對面就是猶加敦半島。」

本來小孩在吃飯的時候不能玩麵包，但是我想要趁這個機會考考他，於是我問他：「你還沒有說加利福尼亞灣，你知道加利福尼亞灣在哪裡嗎？」

「你考不倒我，加利福尼亞灣和下加州都在墨西哥。」他一邊說，一邊將左手拇指和其他四根手指彎曲，做成大寫字母「G」的形狀：「G的形狀就是墨西哥灣，拇指是猶加敦半島，食指是佛羅里達州，兩個手指中間的部分就是墨西哥。」

我問他是哪個老師教他這麼好的方法來記地圖，沒有想到，他晃動拇指得意地說：「這些都是我自己想的。」現在，你們也可以像他那樣來記地圖——拇指的部分就是猶加敦半島。實際上，猶加敦半島在地圖上看起來確實很像拇指。

猶加敦半島是墨西哥的領土，生長一種叫做劍麻的植物。它的葉子形似長劍，裡面有一種纖維，看起來很像灰色的頭髮，這種纖維可以用來做麻繩。當地還有一種植物的汁液，可以做成口香糖。

墨西哥是美國南方的鄰國，被稱為「神的國度」。準確地說，應該叫做「戰神的國度」。這裡的印第安人信奉的戰神叫做「墨西卡利」，人們用他的名字為墨西哥命名。

雖然墨西哥曾經被大西洋對岸的西班牙統治一段時間，但是現在的墨西哥已經是一個獨立的國家。但是墨西哥人現在依然說西班牙語，他們很多生活習慣與西班牙人相同。墨西哥白人的祖先大多數來自西班牙，但是直到現在，墨西哥白人數量還是比不上印第安人。由於種族的融合，許多西班牙裔白人與印第安人結婚，他們的孩子長相通常看起來更像白人，墨西哥這樣的混血人種很多。

那些最早到墨西哥的西班牙人，原本想要到墨西哥開採金礦。可是到墨西哥的時候，他們發現當地的印第安人都戴著銀項鍊和銀手鐲以及其他銀飾，這些西班牙人猜想墨西哥一定有很多白銀。於是，他們不再執著於金礦，而是開採銀礦，一直到現在。

墨西哥的銀礦大多數在洛磯山脈，墨西哥人將這條山脈叫做「馬德雷

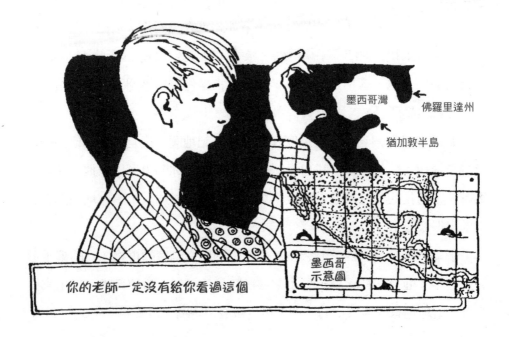

墨西哥灣

佛羅里達州

猶加敦半島

墨西哥示意圖

你的老師一定沒有給你看過這個

山脈」。馬德雷山上有一個碗狀山谷，那裡有墨西哥首都墨西哥城。我們都知道，通常越往北越冷，越往南越熱。但是，墨西哥城雖然在南部，但是那裡卻不炎熱，而是四季如春。

這是因為：墨西哥城在山頂，山頂的氣溫總是比山下的氣溫低。因此，雖然墨西哥城靠近南部地區，但是這裡一年四季氣候溫和。墨西哥灣附近卻不同，因為這裡地勢比較低，所以炎熱潮濕。這樣的氣候不利於身體健康，所以那裡很少有人居住。

在墨西哥灣的地底，擁有豐富的石油資源。在墨西哥灣附近的坦皮科，整年都有人在開採石油。人們充分利用這裡距離大海很近的優勢，調用油輪，將開採的石油運送到美國和世界各地的其他國家。一艘油輪裝運的石油，比一千節火車車廂更多。

美國有一點與墨西哥相似。很久以前，美國也有很多印第安人，那裡也是到後來才有白人。但是，當時到美國的白人大多數是英國人。他們把英國人的生活習慣帶到這裡，所以現在的美國人延續祖先的傳統，生活習慣也與英國人相同。現在美國的印第安人很少，人們可能在馬戲團或是美國硬幣上，才可以看到印第安人的模樣。

如果你從美國進入墨西哥，就可以明顯感覺到不同。因為墨西哥人與美國人是不同的人種，說的也是不同的語言。但是，如果你從美國進入加拿大，可能感覺不到任何變化。因為加拿大人和美國人都是白種人，說的也是相同的語言。因此，如果你從美國進入加拿大，完全不會發現自己到另一個國家。

美國與加拿大邊境有一個「和平拱門」，上面寫著：「兩國同意，永遠不交戰。」但是，美國與墨西哥邊境卻沒有「和平拱門」。這兩個國家在歷史上發生很多次戰爭，兩國領土也有幾次變化。現在，德州、新墨西哥州、亞利桑那州在美國範圍內。但是在以前，它們都是墨西哥的領土，

後來經過戰爭，美國從墨西哥手中得到這些地方。

　　美國德州和墨西哥之間有一條河，叫做「格蘭河」，意思為「壯麗的河流」。由於墨西哥氣候乾燥，所以格蘭河每年會有一段時間幾乎乾涸，變成一片平坦土地。這個時候，人們可以徒步從美國經過格蘭河到達墨西哥。

## 【歷險手稿】——名字奇怪的火山

　　墨西哥城附近，有一座古老的火山，叫做「波波卡特佩特火山」，名字很奇怪又難記，這是因為：這個名字是印第安語。雖然這座火山的印第安名字很複雜，但是這個名字在印第安語中的意思卻非常簡單，就是「冒煙的山」的意思。波波卡特佩特火山是一座休眠火山，不會爆發，但是火山口會一直噴出含硫的濃煙。長年累月，硫礦不斷在火山口堆積。硫礦可

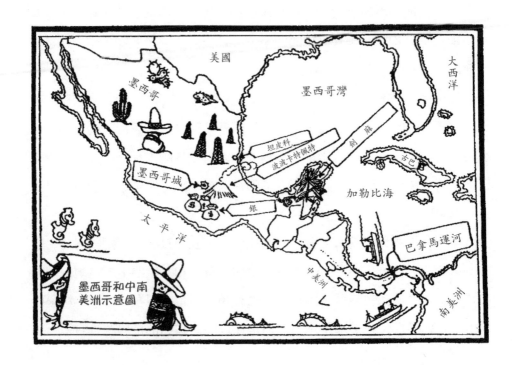

以用來製造火柴和藥物以及其他東西，所以印第安人經常登上波波卡特佩特火山，進入火山口收集硫磺。

雖然波波卡特佩特火山在南部地區，但是那裡因為地勢高，所以火山頂上非常寒冷，一年四季白雪皚皚。

# 第 53 章：交通要塞——巴拿馬運河

「北美洲」和「南美洲」共同構成美洲，交界的地方就是中美洲。中美洲有一塊狹窄而細長的土地，那就是「巴拿馬地峽」。

巴拿馬地峽隔斷太平洋和大西洋。雖然從地圖上看，太平洋和大西洋看起來「近在咫尺」，但是對於兩大洋上的船隻來說，卻是「遠在天涯」。因為北美洲被冰雪覆蓋，船隻無法通行，只有繞過美洲最南端，航行幾千英里，才可以到達對方的大洋。交通如此不方便，人們很希望可以有一條捷徑，於是就在巴拿馬地峽上開鑿運河。

從地圖上看，巴拿馬地峽很狹窄，似乎只要用剪刀剪開就可以。但是在現實中，巴拿馬地峽兩端的距離卻有30多英里，而且那裡分布許多山脈，給開鑿運河帶來許多困難。有些人甚至想要利用地震的力量將巴拿馬地峽震開一條運河，但是地震似乎很不配合，帶來的只有災難。

最後，開鑿運河的工程被一家法國公司承包。可是沒有多久時間，這家法國公司因為耗資巨大、工程緩慢、人員損傷等原因，放棄開鑿運河。

這家法國公司的人員之所以有損傷，不僅是因為工程的意外事故，更多是因為那裡的自然環境似乎只適合當地的印第安人和黑人居住。白人在那裡很容易生病發燒，最後死去。後來，美國向巴拿馬永久租用一塊長達10英里的土地。這塊土地正好在巴拿馬地峽，於是人們將它稱為「運河區」。

在開鑿運河之前，美國人說：「想要適合白人居住，一定要改變當地的環境，否則派出再多人過去都會病死。」於是，美國派出一名醫術高明

的醫生，前往運河區調查白人罹患疾病的原因，並且改善當地的環境。經過反覆調查，醫生發現罪魁禍首竟然只是蚊子。

原來，那裡的蚊子分為兩種，一種是城市蚊子，一種是鄉村蚊子。鄉村蚊子會傳播瘧疾等疾病，城市蚊子會傳播一種叫做黃熱病的疾病，罹患這種疾病的病人會出現黃疸，並且伴隨發燒。這也是為什麼這種疾病會被稱為「黃熱病」。我們平時被蚊子叮咬之後，只會起包並且發癢，但是被巴拿馬城市蚊子叮咬以後就會罹患黃熱病，如果罹患這種疾病，幾乎沒有人可以活下來。

醫生找到人們罹患疾病的原因以後，決定消滅蚊子。第一步，醫生追蹤這兩種蚊子，瞭解它們的生活習性。然後，醫生利用不同方法消滅這兩種蚊子——用波波卡特佩特火山的硫磺消滅城市蚊子，用產於墨西哥的石油消滅鄉村蚊子。

蚊子被消滅之後，人們也清理濕地等蚊子大量繁殖的地方，改變蚊子孳生的自然環境，進而徹底改變運河區的生活環境。

環境得到改善以後，美國人才開始動工開鑿運河。

美國人沒有像法國人一樣，只知道一味地開鑿陸地。美國人減少原本的工作量，他們在地峽的最高處，開鑿一條比較短的運河。工人將這條運河附近的天然河與天然湖的水引入運河，以保證船隻可以在運河中航行。

在這條運河的兩端，人們裝上水閘，利用水閘將船隻升起或降下。由於運河裡的水是淡水，兩大洋的海水都不會進入運河，所以船隻可以順利在大西洋和太平洋之間航行。有這條運河以後，北美洲和南美洲分開了，但是由於運河十分狹小，因此兩塊大陸看起來還是連在一起。

## 【歷險手稿】——巴拿馬

　　巴拿馬運河溝通大西洋與太平洋，因此人們把它稱為「世界橋樑」。這座世界橋樑，就在一個叫做巴拿馬的國家。這個國家的面積不大，大約是76000平方公里。它在中美洲，與哥倫比亞和哥斯大黎加是鄰居。

　　巴拿馬是一個擁有眾多山地的國家，由於接近赤道，所以這裡十分炎熱，年平均氣溫達到27℃。巴拿馬境內，除了山地以外，還有許多河流。如果你很有耐心，可以看看巴拿馬的地圖，這裡有400多條河流。其中，圖伊拉河、切波河、查格雷斯河是巴拿馬比較大的河流。

# 第 54 章：海盜聚集地

你搭乘火車離開某個地方的時候，是否曾經想過，其實你的「離開」也表示「回到」這裡。我準備搭乘火車離開巴爾的摩的時候，我卻說自己要去巴爾的摩。這樣的想法並不可笑，因為地球是一個球體，無論你朝著哪個方向走，最後都會經過你出發的地方。

最早提出這個想法的人，是一個叫做哥倫布的航海家。與哥倫布生活在同一時代的人們認為，想要到達印度群島，只能沿著海路向東行走，因為印度群島在東方，但是哥倫布卻提出，向西出發也可以到達印度群島。

為了印證自己的話，他乘船向西走。最後，他抵達自己以為的印度群島，並且將其命名為「西印度群島」。如果你手上有地圖或是聽過哥倫布發現新大陸的故事就會知道，「西印度群島」和「印度群島」完全不同，他距離真正的印度群島很遙遠。

哥倫布發現的「西印度群島」，也是一個美麗富饒的地方。那裡的居民會在臉上塗滿油彩，並且在頭上插滿羽毛，哥倫布將這些島上的原住民稱為「印第安人」。其他人把印第安人叫做「加勒比人」，意思是「勇士」。加勒比海包圍這些島嶼，加勒比海就是「勇士的海」。

在哥倫布之後，很多人沿著哥倫布走過的路線，到達「西印度群島」。但是這些人不像哥倫布那樣想要到「印度」，而是想要到那裡尋找黃金和白銀。所以，當他們到達哥倫布發現的新大陸以後，就在那裡進行掠奪。他們把從印第安人那裡掠奪的金銀裝上船隻，運回自己的國家。但是他們沒有想到，加勒比海上的海盜也在惦記他們船上的財物。

凶殘狡猾的海盜，總是全副武裝的躲起來，看見滿載金銀珠寶的船隻駛來，才會展開行動。每次搶劫的時候，那些海盜會在腰上繫上紅色腰帶，紮著紅色頭巾，耳朵上戴著大耳環，手上套著好幾個不知道用什麼動物的骨頭做成的手鐲。他們的旗幟，讓人們看到以後就毛骨悚然——這些旗幟以黑色為底色，用骷髏頭做圖案，骷髏頭的下方是用兩塊骨頭組成的叉。這面旗幟彷彿在告訴人們：「即使是魔鬼路過，也要吐出骨頭。」

　　這些海盜不僅搶劫財物，還會把抓來的水手當作奴隸，供他們取樂。其中最具代表的遊戲，就是「走木板」：海盜們在甲板上架起一塊一端伸向大海的木板，然後蒙住這些水手的眼睛，讓他們在木板上行走。很少有人在閉著眼睛的情況下還可以保持平衡，所以這些水手通常都會掉進海裡。他們掉進海裡以後，沒有人會來救他們，等待他們的只有死亡。

　　你或許會問，海盜們把財物搶來以後用來做什麼？他們除了將這些財物用來花天酒地之外，還會將一部分財物用木箱牢牢封好，埋藏在杳無人煙的島嶼上。然後，他們會留下一張藏寶圖，用「X」在地圖上標記財物埋藏的地點，等到需要的時候再去取。有一些著名的海盜，將這些標記財物的藏寶圖視作留給後人的財產，等待有緣人拿到地圖以後去尋找財物。

　　現在的加勒比海，不再是從前那個腥風血雨的海域，往來的貨輪不必擔心受到海盜的騷擾。這裡出入的貨輪，都是運送當地的特產，例如：海綿、甘蔗、香蕉、百合。我想，海盜不會對這些特產有興趣。

　　加勒比海不僅只有海盜，這裡也有美麗的風景。除了鮮花遍地的百慕達群島，這裡還有許多美麗迷人的島嶼。

　　在百慕達群島南方，搭乘船隻航行兩天，就會到達「拿索」。它是巴哈馬的首都，這裡最有名的是產自海底的海綿。每年都由當地人在海底採摘海綿，然後加以包裝，運送到美國銷售，供美國人使用。

　　不要看海綿長得像一塊布，其實它是海底一種活生物。我們使用的海

綿，已經經過加工。最開始的時候，它長得不是這樣，而是被包裹在一層果凍狀的東西裡面。

## 【歷險手稿】——神聖的救世主島

巴哈馬還有許多聞名世界的島嶼，其中一個很著名的島嶼叫做「神聖的救世主島」。這個島嶼是當年哥倫布抵達西印度群島的第一站，在島嶼上還有一塊用來紀念哥倫布抵達「新大陸」的紀念碑。這個島嶼的名字也是哥倫布取的，其意義是為了感謝上帝的指引和保佑。

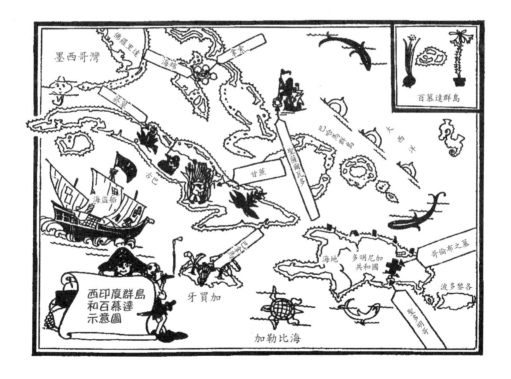

# 第 55 章：南美洲北部的寶藏

在加勒比海的南面，有一個長得像烤羊腿的大洲，它就是南美洲。你可能覺得它長得更像甜筒冰淇淋或是船槳。無論它像什麼，整體來說，它類似於一個倒置三角形。

南美洲的最北端是巴拿馬，最南端是合恩角。一座連綿不絕的山脈，連接南北兩端，貫穿整個南美洲，這就是有名的安地斯山脈，這座山脈也是世界上最長的山脈。

在巴拿馬附近，有一個用哥倫布的名字來命名的國家，叫做哥倫比亞。後來，白人來到一個與哥倫比亞毗鄰的國家。白人來到這個國家的時候，他們看到在這裡居住的印第安人像大洋彼岸的威尼斯人一樣，將房屋建造在水中，因此他們把這裡叫做委內瑞拉，意思是「小威尼斯」。

委內瑞拉是一個臨海的國家，在它的海邊，有一個叫做千里達的島嶼。這個島嶼很特別，因為在島嶼上有一座柏油湖，湖中沒有一滴水，滿滿的都是柏油。從前美國修路用的柏油，有一部分就是產自這裡。

委內瑞拉有一個面積不大的鄰居，叫做「蓋亞那」。這裡以前是英國、荷蘭、法國反覆爭奪的地方，現在它是大英國協成員國。在蓋亞那廣袤的荒野上，有一個幾乎有尼加拉大瀑布五倍高的瀑布——凱厄圖爾瀑布。但是，這個壯美的瀑布卻很少有人知道，因為它的位置太偏僻，很少人去過那裡。

在南美洲北部靠近赤道的地方，有一個國家叫做厄瓜多。厄瓜多在西班牙語中的意思是「赤道」，毫無疑問，這個名字是因為它的地理位置而

得名。聽到這裡，你一定覺得厄瓜多是一個非常炎熱的地方。你猜錯了，這個國家不僅不會炎熱，反而涼爽舒適，因為它就在安地斯山脈上。基多是厄瓜多的首都，站在基多遠眺，可以看到世界上最高的兩座火山。比較高的是休眠火山「欽博拉索山」，比較矮的是活火山「科托帕希峰」。

厄瓜多是世界上有名的可可豆產地，我們吃的巧克力和喝的可可飲料中，都有可可豆。可可豆生長在可可樹上，就像豌豆一樣被豆莢包裹住。除了可可豆，厄瓜多也因為民風凶悍而聞名。生活在這裡的原住民，以割取敵人的頭顱為榮。在戰爭時期，這裡的印第安人勇士會把敵人的頭顱當作紀念品保留下來。當地人認為，誰留下的敵人頭顱最多，誰就是最偉大的勇士。

由於厄瓜多的民風剽悍，被稱為「史上最野蠻的印第安人」。但是他們的鄰居，生活在厄瓜多南部秘魯的印第安人，卻被稱為「史上最文明的印第安人」。生活在秘魯的印第安人，又叫做印加人。印加人生活在華麗的宮殿中，而且很早就開採金礦和銀礦。早期，印加人以庫斯科為首都，可是現在這裡已經淹沒在歷史中。我們只能從殘留的斷垣殘壁中，尋找古老印加宮殿的蹤影。

現在秘魯的首都是利馬，我們經常吃的利馬豆，和這裡沒有任何關係。我們發燒的時候吃的奎寧，卻和利馬有難以言盡的淵源。很久以前，利馬的印加人發現將某種樹皮搗爛以後煮水當作茶喝，可以治療發燒。後來，白人來到秘魯，發現這種治療方法，並且收集這種樹皮運回歐洲，製作退燒藥奎寧。

在秘魯的東邊，有一個國家叫做玻利維亞，是因為紀念南美洲英雄人物西蒙‧玻利瓦爾而得名。他在玻利維亞人心中的地位，就像喬治‧華盛頓在美國人心中的地位。西蒙‧玻利瓦爾是委內瑞拉人，他從西班牙殖民者手中，解放玻利維亞、哥倫比亞、厄瓜多、秘魯、委內瑞拉，使這些

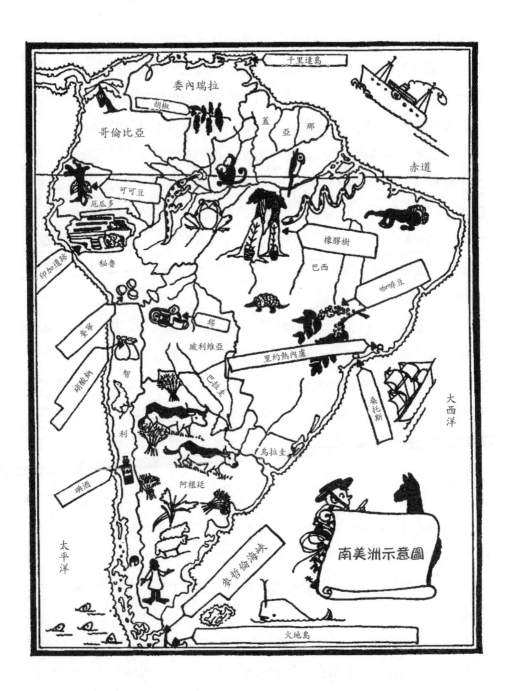

千里達島

委內瑞拉

胡椒

蓋亞那

哥倫比亞

赤道

可可豆

厄瓜多

橡膠樹

秘魯

巴西

咖啡豆

印加遺跡

錫

拿寧

玻利維亞

硝酸鈉

里約熱內盧

智

巴拉圭

桑托斯

大西洋

利

烏拉圭

硝酒

阿根廷

太平洋

南美洲示意圖

麥哲倫海峽

火地島

國家擺脫被奴役剝削的命運，成為獨立的國家。玻利維亞是錫的主要生產國，但是我們使用的錫器大多數是由鐵製作而成，外面塗上一層錫用來防鏽。如果是純錫製成的物品，價格高得嚇人。

## 【歷險手稿】——最高的湖

在玻利維亞和秘魯的交界處，有一個名字很有趣的湖，叫做「的的喀喀湖」，它是世界上海拔最高的湖。如果想要在湖上暢遊，要先把划艇扛上山，再組裝起來才可以。

小羊駝

小羊駝在安地斯山運貨

# 第 56 章：安地斯山腳下的富裕之地

提到南美洲，就要說到巴西，這裡有精湛的足球技術，熱情洋溢的森巴，還有華麗精緻的化裝遊行……這個國家以其獨特的風土人情，吸引全世界人們的目光。巴西是南美洲最大的國家，它因為一種叫做「巴西紅」的染料而得名。世界上著名的亞馬遜河，也有經過巴西。

人們經常說「高山流水」，世界上最寬闊的河流亞馬遜河，就是由來自安地斯山脈的流水匯聚而成。當你站在亞馬遜河的一邊，甚至無法看到河的對岸。寬闊的亞馬遜河流域，是著名的熱帶雨林地區，這裡不僅有茂密的叢林和沼澤，還有品種豐富的野生動植物。在這裡，你可以看到葉子大得像桌子的睡蓮，也可以看到各種羽毛亮麗的鸚鵡，還可以看到色彩斑斕的蝴蝶和飛蛾。甚至，你還可以看到一種巨型牛蛙，牠發出叫聲的時候，有些人還以為是獅子在吼叫。豐富的野生動植物資源，吸引許多動植物學家來到亞馬遜河流域採集標本。

在巴西熱帶雨林裡生活的所有動物中，最特殊的兩種動物就是王蛇和樹懶。王蛇是一種巨型蟒蛇，具有很強的偽裝性，平時纏繞在熱帶雨林的樹木上，如果沒有仔細察看，會以為是藤蔓。牠遇到獵物的時候，會用身體將獵物緊緊地纏住，直到獵物窒息為止。然後，王蛇會張開血盆大口，將獵物囫圇吞下去，在胃裡慢慢消化。通常一次飽餐以後，牠可以一個星期甚至一個月不吃東西，只是在睡眠中消化。直到食物全部消化，牠才會再次捕食。

樹懶就像牠的名字一樣，是一種很懶的動物。這種動物用腳趾把自己

固定在樹上，整日呼呼大睡，一動也不動。睡覺的時候，牠倒掛在樹上，就像盪鞦韆的孩子。樹懶的行動十分遲緩，如果沒有仔細觀察，根本看不出來牠正在移動。因為牠很懶，又喜歡掛在樹上，所以人們把牠叫做「樹懶」。

魅力無限的熱帶雨林地區，吸引來自全球各地的專家學者，也吸引當地的印第安人。印第安人進入亞馬遜河流域，不是為了研究或是保護生態平衡，而是為了收集一種樹的汁液。這種樹就是橡膠樹，橡膠是巴西主要出口產品之一，巴西也因為豐富的橡膠產量，被稱為「橡膠之國」。

橡膠樹生長在熱帶雨林裡，因此橡膠工人收集橡膠汁必須深入雨林。橡膠工人找到橡膠樹以後，會在樹幹上深深地劃出凹槽，然後用準備好的杯子收集流出的橡膠汁。當橡膠汁達到某種程度的時候，他們會用水桶將橡膠汁帶回住處，然後把橡膠汁放在火上反覆烘烤，最終就會得到橡膠。人們再把這些橡膠收集起來，用輪船運送到世界各地。

當年，白人來到巴西以後，看到當地的土著在玩一種具有彈性的球。經過仔細詢問以後，他們才知道這些球是用橡膠製作而成。白人發現橡膠的祕密，覺得這是發財的好機會，於是就收集足夠的原

爸爸早上喝的是產自巴西的咖啡——桑托斯咖啡

料，用來製作不同質地的橡膠，就像廚師用食用糖製作軟糖或硬糖，然後再將不同質地的橡膠做成人們生活所需的各種物品。

除了橡膠，巴西也因為咖啡而聞名。咖啡不是巴西本土的植物，而是由大洋彼岸的白人帶來種植的。但是，巴西的氣候和土壤很適合這種植物的生長，巴西是世界咖啡產量最多的國家。我們都知道，咖啡是由咖啡豆製作而成，但是卻很少有人知道，咖啡豆是生長在低矮的咖啡樹上。

到了咖啡成熟的季節，低矮的咖啡樹上會結出許多類似櫻桃的果實，這種果實叫做咖啡果，咖啡豆就是咖啡果裡面的兩個種子。將咖啡豆烤熟以後再磨成粉，然後進一步加工，就可以變成我們喜愛的各種咖啡。

巴西有一個著名的城市，名字叫做桑托斯。桑托斯也盛產咖啡，或許你現在手邊的咖啡就是來自那裡。細看巴西，不難發現咖啡和橡膠的身影。正因為如此，巴西被稱為咖啡和橡膠之國。如果有一天，世界上的咖啡和橡膠可以開口說話，它們一定會告訴你許多關於巴西的故事。

## 【歷險手稿】——上帝多花費一天建造的城市

巴西人經常說：「上帝花費六天時間創造世界，第七天創造里約熱內盧。」可見巴西人對於里約熱內盧有多麼自豪。

里約熱內盧的意思是「一月的河流」，但是在這裡沒有什麼河流。相傳，里約熱內盧的發現者在沿著巴西海岸航行的時候，無意間發現一個類似河口的地方，因為發現的時候是一月的第一天，所以將其命名為「里約熱內盧」。

在里約熱內盧的港口，可以看到一塊巨大的長得像麵包的石頭，它被稱為「麵包山」。搭乘船隻駛離里約熱內盧港口的時候，可以看到城市後面像沉睡的巨人一樣的山脈，那就是有名的「沉睡中的巨人。」

# 第 57 章：白銀之都，真的有很多白銀嗎？

　　白人搭乘船隻來到巴西南方的時候，他們發現當地的土著身上都有銀飾，所以誤以為這裡有豐富的銀礦。於是，他們把這裡命名為「阿根廷」，意思為「白銀之都」。

　　可是，當人們真正開始探尋銀礦的時候才發現，這裡的銀礦資源並不豐富，但是「阿根廷」這個名字還是被沿用下來。就像孩子出生的時候，我們會賦予他含有具體寓意的名字，不會因為他長大以後不符合寓意而改名。

　　雖然阿根廷的銀礦資源不豐富，但這裡也是一塊富庶的土地。阿根廷擁有廣闊的農場和美麗的草原，小麥和玉米在這裡生長得很好，這裡出產的牛肉和羊肉也十分鮮美。

　　美國人喜歡把美國西部放養牛羊的人稱為「牛仔」。在阿根廷，這種人叫做「加烏喬牧人」。加烏喬牧人穿著像方形毯子的南美披風，隨身攜帶一把彎刀。阿根廷人種植玉米是用來餵養牛羊，然後依靠銷售牛肉和羊肉以及牛羊皮製品賺錢。

　　由於阿根廷的氣候類型和人口組成與美國很類似，所以被稱為「南美洲的美國」。阿根廷四季分明，與美國很類似，然而不同的是：美國在北半球，阿根廷在南半球，所以美國冬季的時候，阿根廷卻是烈日炎炎的夏天。與其他南美洲國家以印第安人與白人的混血人種為主不同，阿根廷大多數人為白人。這些白人大多數為西班牙人後裔，所以那裡的居民幾乎都是說西班牙語。

阿根廷的首都，南美洲最大的城市——布宜諾斯艾利斯，這個名字的意思是「清新的空氣」。在布宜諾斯艾利斯城市旁邊，有一條美麗的河流——拉布拉他河，在西班牙語中，也是「白銀」的意思。所以，在「白銀之都」有一條「白銀之河」。

沿著拉布拉他河逆流而上，你會看到擠在幾個大國中間的兩個小國——烏拉圭和巴拉圭。它們就像一對孿生兄弟，無論是氣候還是國家發展模式，都是十分相似。

巴拉圭盛產巴拉圭茶，這種茶深受南美洲當地居民的喜愛，但是你可能很難接受這種茶的味道。

穿著斗篷的加烏喬牧人

和阿根廷以高山為界的國家是智利，這個國家位於太平洋沿岸，領土狹長。智利大部分地區是山區，而且由於地勢很高，這裡的山頂覆蓋皚皚白雪。智利正是因此而得名——「智利」就是「白雪的國度」的意思。

阿根廷和智利不是一對和睦的鄰居，兩國經常交戰。後來，這兩個國家像美國和加拿大一樣，達成和平協議。訂立和平協議以後，阿根廷與智利將武器熔化，製作一個巨大的耶穌銅像，用來提醒人們珍惜和平。人們在銅像的底座刻著：「兩國在耶穌腳下起誓，除非安地斯山脈灰飛煙滅，

否則智利和阿根廷永遠不交戰。」

狹長的智利，經常被人們認為是一個貧窮的國家，可是事實並非如此。在智利北部，有一個盛產硝酸鈉的沙漠，它是一種很好的肥料。莊稼有這種肥料才可以生長得很好，所以世界各地都需要硝酸鈉。對硝酸鈉有瞭解的人可能會問，硝酸鈉不是在海底才會有嗎？沙漠裡為什麼會有硝酸鈉？原來，這個沙漠本來是在海底，由於地震發生，海底地面向上隆起，形成陸地。海水蒸發以後，留下珍貴的硝酸鈉，使智利成為一個富裕的國家。除了硝酸鈉，智利也是碘的產地。

智利的首都聖地牙哥在山上，也被稱為「聖雅各」，是南美洲第四大的城市。它位於安地斯山脈上，氣候舒適，長年的積雪帶給它不同的風情。

智利還有一個美麗的城市，名字叫做瓦爾帕萊索，又稱為「天堂之谷」。不要因為這個稱號就把它誤以為是山谷，其實它是智利有名的海港城市，也是智利最早的貿易港口。

除此之外，世界上最南端的城市——蓬塔阿雷納斯，也是屬於智利。它在麥哲倫海峽附近，為往來於麥哲倫海峽的船隻補充物資。麥哲倫海峽因為偉大的環球旅行家麥哲倫而得名。麥哲倫和哥倫布一樣向西出發，他沿著南美洲的海岸線南下，一直到南美洲的最南端，才找到一個可以通往太平洋的通道，這就是我們經常說的麥哲倫海峽。

作為大西洋和太平洋的唯一通道，蓬塔阿雷納斯很快發展起來。可是，當巴拿馬運河建成以後，麥哲倫海峽通行的船隻減少。於是，這個城市的生意也逐漸轉變：人們在火地島飼養綿羊，然後將剪下的羊毛透過蓬塔阿雷納斯販賣到世界各地。

## 【歷險手稿】——阿根廷國粹

探戈最初只是布宜諾斯艾利斯「下等市民」的娛樂節目，當時市民們認為它難登「大雅之堂」。直到1906年，探戈藝術的代表人物比拉爾多等人把這個歡快詼諧的舞蹈形式帶到法國和其他國家，受到當地人們的喜愛，探戈才逐漸有名。後來，阿根廷政府正式宣布，探戈成為阿根廷民族文化遺產不可或缺的一部分。

在外國人看來，探戈或許只是一種魅力四射的舞步，但是對阿根廷人來說，它是融於血液裡的文化，是阿根廷的國粹和民族的驕傲。

安地斯山的耶穌

在耶穌腳下，兩個國家發誓永罷刀兵

# 第四篇：非洲、大洋洲

# 第 58 章：「黑暗大陸」

　　地球上有七大洲和五大洋，面積最大的洲是亞洲，第二大的洲是非洲。在地理大發現時代來臨之前，非洲一直被西方人當作一個「擋路」的大陸，因為它正好擋在西方人由海路去亞洲的航線上。

　　當時，水手們想要繞過非洲大陸，而不是登上非洲大陸。但是，繞過非洲大陸的海上旅程十分危險，很多水手在這條航線上失去生命。當時也有一些探險家登上非洲大陸，但是在他們的印象中，非洲大陸上充滿奇怪的野生動物和野蠻黑皮膚的人，正是因為這樣，非洲也稱為「黑暗大陸」。而且，在非洲靠近地中海邊緣的地方，有著名的撒哈拉沙漠。那是一個充滿死亡氣息的荒漠，很少有人可以成功地穿越它。

　　雖然非洲大陸留給歐洲人的印象不好，但是這裡的居民卻是人類最古老的文明創造者之一，例如：在撒哈拉沙漠靠近亞洲和紅海的人們，建立一個跨越亞非兩洲的國家——千年文明古國埃及。

　　埃及的氣候十分奇特，那裡的北部地區一年四季很少下雨，但是南部地區夏季的時候雨水充沛。每當這個時候，尼羅河就會氾濫。氾濫的河水，洶湧的沖垮河岸，沖毀農田和村莊。但是，埃及人沒有離開幾乎每年氾濫的尼羅河。相反的，他們安心地居住在這裡。因為尼羅河的每次氾濫，都會給當地帶來肥沃的土壤。人們在這樣的土地上種植小麥和棉花，都可以獲得豐收。

　　在尼羅河的入海口，有一座著名的海港城市。亞歷山大大帝遠征埃及的時候，在尼羅河的入海口建造一座城市，他用自己的名字給這座城市命

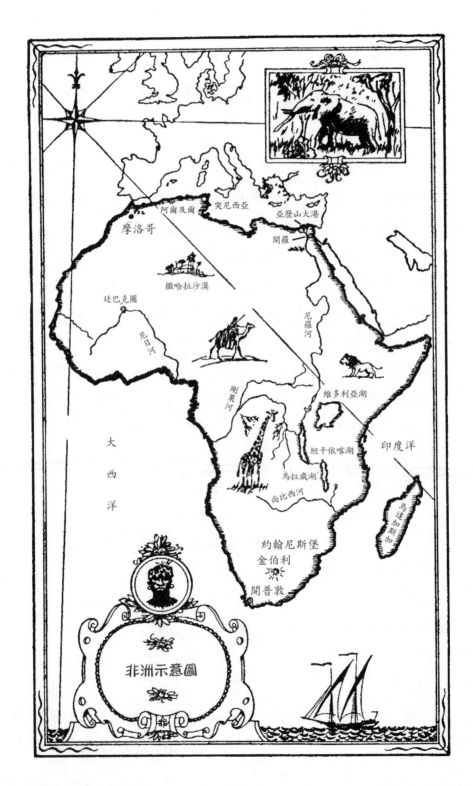

非洲示意圖

突尼西亞
阿爾及爾
亞歷山大港
摩洛哥
開羅
撒哈拉沙漠
廷巴克圖
尼羅河
尼日河
剛果河
維多利亞湖
大西洋
坦干依喀湖
印度洋
馬拉威湖
尚比西河
馬達加斯加
約翰尼斯堡
金伯利
開普敦

名，這就是我們經常說的亞歷山大港。當年，亞歷山大港是僅次於古羅馬城的繁榮城市，世界七大奇蹟之一的亞歷山大燈塔就在這裡。可惜，這座宏偉的燈塔已經在一次地震中被徹底摧毀。從亞歷山大港沿著尼羅河逆流而上，可以到達埃及的首都開羅。它是埃及最大的城市，也是非洲最大的城市。埃及人大多數信奉伊斯蘭教，所以我們可以在開羅看到很多清真寺，它們的圓頂就像碟子一樣。

埃及最有名的東西，就是木乃伊、金字塔、獅身人面像。

埃及人為什麼要製作木乃伊？因為埃及人相信，人類死後靈魂不滅，而且在未來的某一天，死去的人將會復活。如果人類死後軀體化作塵土，靈魂將會失去依附之所，就不能再次復活。所以，埃及人會將屍體做成木乃伊，並且妥善保存。

木乃伊的製作過程十分複雜。首先，人們要把死者的身體進行乾燥，然後取出他的腦和內臟。在這個過程中，還要用一種特殊的方式對身體進行清潔，以防止身體在將來腐爛。

死者的內臟全部取出以後，人們會在裡面放入填充物，然後要將身體進行第二次乾燥。乾燥結束以後，還要將屍體再放入藥水中清洗一次。然後，人們會在屍體上塗抹油膏和香料。完成這些過程之後，人們會用亞麻布把屍體包裹起來，最後在外面塗上一層樹脂。人們還會在木乃伊的身上放置聖甲蟲，以求平安。

埃及的法老，尤其重視自己死後的生活。他們為死後的生活做出許多準備，將屍體製作成木乃伊是其中之一。此外，還有一項重要的工作，就是為自己修建豪華的陵墓，這就是聞名世界的金字塔。

金字塔從下向上逐漸收攏，就像一個「金」字，所以我們稱它為金字塔。金字塔是用石塊逐漸堆積而成，如果我們想要攀登金字塔，只要踩著石塊就可以爬到金字塔頂端。原本，金字塔有光滑的牆面，但是由於年代

久遠，再加上很多石塊被當地人用來修建其他建築，因此金字塔外表已經不像當初那麼光滑，而是布滿坑洞。

　　人們把法老的屍體放進金字塔之後，就會把通往裡面的通道全部用石頭封住，以防止有人在法老長眠的時候進去打擾他，或是盜走他的屍體和陪葬的物品。即使如此，依然有很多金字塔無法阻擋盜墓者進行偷竊。

　　現在我們知道最大的金字塔是古夫金字塔，大約在西元前2560年建成。在巴黎艾菲爾鐵塔建成以前，它一直是世界上最高的建築物。在古夫金字塔的附近，還有一座獅身人面像。當時，古夫在巡視自己的金字塔，發現採石場上還留下一塊巨石，於是他命令石匠按照他的臉型，雕成一座獅身人面像的頭部。獅身人面像的整體造型，來自於希臘神話的帶翼獅身女怪——史芬克斯。

　　關於獅身人面像，還有一個傳說：

　　年輕的托莫王子，有一天來這裡狩獵。他奔跑得筋疲力盡之後，就在沙地上睡著。在夢裡，他看到一座獅身人面的雕像。這座雕像對他說：「我是偉大的胡爾‧烏姆‧烏赫特，我被埋在沙土裡，使我無法喘氣。如果你可以把我身上的沙去掉，我就將埃及王的位置交給你。」王子醒來以後，立刻調集人力和物力，很快就把獅身人面像從沙土中挖出來，後來這位王子果然成為埃及法老。

木乃伊曾經是埃及的國王，現在都放在博物館裡。清潔員要打掃的時候，就把他們暫時挪開

### 【歷險手稿】——鱷魚的眼淚

關於埃及的尼羅河有很多傳說，「鱷魚的眼淚」就是其中之一。在尼羅河中，有許多鱷魚。古代埃及人相信，鱷魚吃掉人類以後會流下眼淚，就像牠們非常傷心一樣。所以，如果人們發現有人哭得假情假意，就會說他流下的是「鱷魚的眼淚」。

埃及的獅身人面像和金字塔

它們被稱為世界七大奇蹟之一

# 第 59 章：有很多「穆罕穆德」的地方

我們之前提到撒哈拉沙漠，撒哈拉在阿拉伯語中，就是「大荒漠」的意思。在撒哈拉沙漠的絕大部分地區，只有岩石和沙土。這裡的自然條件十分惡劣，如果有人可以列出一張「最不適合生物生長的地方」名單，名單上除了南極洲之外，一定還有撒哈拉沙漠。

撒哈拉沙漠是世界上最大的沙漠，大到可以裝下美國全部領土。它從非洲大陸的一側一直延伸到另一側，跨越阿爾及利亞、蘇丹、利比亞、尼日、馬利、茅利塔尼亞等國家。

撒哈拉沙漠的氣候十分古怪，這裡可以連續幾年不下雨，這裡也創造世界最高氣溫的紀錄，但是這裡海拔高的地方，也有霜凍和冰凍。撒哈拉沙漠的沙暴十分可怕，沙暴發生的時候，巨風帶著沙土狂奔，原來的沙丘一下子就消失，原本平坦的地方會突然隆出一塊沙丘。

沙漠裡的地形會在沙暴發生的時候不斷改變，因此人們很容易在沙暴中迷路，沙暴還會持續很長時間。有時候，沙漠中的旅客會在沙暴中，被巨風吹來的沙掩埋。

但是在撒哈拉沙漠中，也有少數幾個綠洲，只是那裡的水非常少，稀疏地生長青草和灌木。在這些綠洲中，比較大的長寬可以達到幾十英里。在這樣的綠洲中，會有人居住。綠洲對於生活在撒哈拉沙漠的人來說十分重要。人們經常在夜間騎著駱駝在各個綠洲之間穿行，因為沙漠中沒有任何指示牌，沙漠的地形也隨時在變化，只要一陣風吹過，原本的沙丘就可能消失得無影無蹤，所以人們只能借助指南針和星星來判斷方向。

雖然撒哈拉沙漠是一個可怕的死亡地區，但是生活在這裡附近的人們用自己獨特的生活方式適應這裡的環境，和撒哈拉沙漠融為一體。同時，撒哈拉沙漠也以其特殊風貌吸引世人。

有一個國家緊鄰撒哈拉沙漠，名字叫做摩洛哥。它隔著直布羅陀海峽和地中海，與西班牙遙遙相望。摩洛哥氣候舒適，花木繁茂，那裡風景如畫，被稱為「北非花園」和「烈日下的清涼國土」。摩洛哥的官方語言是阿拉伯語，但是那裡的居民也說法語和西班牙語。

摩洛哥是非洲最古老的國家之一，在這裡居住著摩爾人。摩洛哥在歷史上經歷許多次變遷：從西元前15世紀開始，他們由腓尼基人統治；西元前2世紀到西元5世紀，他們成為羅馬帝國的一部分；到了西元7世紀，阿拉伯人大舉入侵，在這裡建立摩洛哥歷史上的第一個阿拉伯帝國……除了這些人曾經統治摩洛哥之外，摩爾人也曾經在這裡建立阿爾摩拉維德王朝。

阿爾摩拉維德王朝是摩洛哥歷史上最強盛的時期，摩爾人甚至在地理大發現時代來臨之前曾經統治西班牙，他們還在西班牙的格拉納達建造氣勢恢宏的阿爾罕布拉宮。

在整年很少降雨的撒哈拉沙漠的東端，有一個雨水充沛的國家，它就是蘇丹。「蘇丹」這個詞語來自於阿拉伯語，意思為「黑人的土地」。蘇丹的中部被尼羅河谷貫穿，青尼羅河和白尼羅河匯合處的土壤十分肥沃。

在古代的地圖上，你在蘇丹的位置上，只能找到一個叫做努比亞的地方，那是蘇丹原來的名字。這塊土地早在4000年以前，就有原始部落居住。在西元前2800年到西元前1000年，蘇丹屬於埃及。後來，努比亞脫離埃及，建立庫施王國。隨著庫施王國的逐漸興盛，努比亞人佔領整個尼羅河流域，甚至曾經在埃及確立統治權，但是沒過多久，他們就被埃及人趕出來。

蘇丹有非常豐富的旅遊資源，那裡有奇特的野生動物和美麗的自然風

景。如果你有機會去那裡，可以到紅海划船、划水、潛水，或是進行水下攝影。

## 【歷險手稿】——撒哈拉沙漠是不毛之地嗎？

撒哈拉沙漠擁有世界上最多的陽光，卻是最不適合生物生長的地方之一，因為這裡可以連續幾年不下雨。這裡是僅次於南極洲的世界第二大荒漠，它的名字撒哈拉，就是沙漠的意思。

即使撒哈拉沙漠的氣候條件如此惡劣，這裡依然有許多生命力頑強的生物。雖然這裡植被稀少，但還是有埃及薑果棕、夾竹桃、椰棗、百里香等植物。沙鼠、跳鼠、開普野兔、荒漠刺蝟等哺乳動物和300多種鳥類也棲息在此處，可見撒哈拉沙漠不是真正的「死亡」地帶。

# 第 60 章：非洲動物世界

赤道橫穿過非洲地區，因此這裡比世界上的其他地方更炎熱。除了炎熱以外，非洲的降雨量充沛，因此植物在非洲可以長得又快又高。在非洲的熱帶雨林裡，有長得像房屋一樣高的野草，也有大片葉子的參天巨樹，這裡的藤蔓等植物也生長得非常繁茂。

非洲不僅有各種植物，這裡也是世界著名的天然動物園。無論是威風凜凜的獅子，優雅紳士的長頸鹿，還是笨拙可愛的犀牛⋯⋯都可以在這裡看到。

獅子是一種凶猛的貓科動物，牠們體型巨大，姿態優雅。在所有動物中，獅子是最讓人害怕的猛獸之一。即使是被關在動物園鐵籠裡的獅子，牠的吼聲也可以讓人們忍不住發抖。獅子擁有漂亮的外形、威武的身姿、王者般的力量、夢幻般的速度，被人們稱為「萬獸之王」。在非洲草原上，除了人類以外，獅子幾乎沒有天敵，就連獵豹也要對牠禮讓三分。

所以你一定會說，獅子是叢林裡最勇敢的動物，其實不是。如果不相信，你可以注意觀察，獅子發怒吼叫的時候，看看是什麼動物最後逃走，那個動物就是機敏可愛的猴子。想不到吧，雖然猴子們長得沒有獅子大，力量也不足，但是牠們卻非常敏捷。正是因為敏捷的身手，牠們才敢在獅子面前從容不迫。

其實，不是每一種高大的動物都要吃肉。有一種非常高大的動物，只以植物充饑，你想到牠是什麼嗎？沒錯，就是長頸鹿。牠是一種很奇妙的動物，有很長的脖子和很長的腿。可能是因為脖子太長，所以長頸鹿的行

動十分緩慢，這就是使牠看起來優雅的原因。長頸鹿是非洲叢林中唯一不會發出聲音的動物。

　　長頸鹿的性格溫和，牠從來不吃肉，只吃植物。長頸鹿喜歡吃樹上的樹葉和嫩枝，牠們的長脖子可以幫助牠們方便地獲得食物，但是長脖子也給牠們帶來不便，例如：喝水。因為長頸鹿的脖子和四肢很長，如果牠想要喝水的時候，不能像其他動物一樣低頭，否則會因為失去重心而跌倒。所以，為了不讓自己跌倒，長頸鹿必須努力將四條腿岔開，將身體俯得很低。這個時候，長頸鹿看起來就像英文字母的A。只有這樣，長頸鹿才可以安全地喝到水。

　　非洲河馬是一種十分神奇的動物，牠的體型巨大，有一張巨大的嘴，這張嘴的咬力驚人。你看到河馬的時候會覺得十分笨重，但是事實上，牠們奔跑的速度非常快。只可惜，牠們的耐性不佳，不能長時間奔跑。

　　河馬的身體上幾乎沒有毛，所以河馬身上的水分蒸發量比其他哺乳動物更多。這就是為什麼我們總是看到河馬泡在水裡。河馬是草食和肉食相結合的動物，在一般情況下，河馬很溫順，但是帶著小河馬的母河馬卻很有攻擊性。在非洲，每年都有很多人因為誤傷小河馬而被母河馬攻擊。一隻成年的河馬，甚至可以殺死一頭尼羅鱷。

　　在非洲，有許多體型龐大的動物，除了河馬以外，犀牛的體型也很大。犀牛看起來有些笨拙，牠有短胖的腿、巨大的頭、矮壯的身體，鼻子上還有一個或兩個角。犀牛的角，給犀牛帶來不幸，經常有人為了獲得犀牛角，將犀牛殺害。

　　犀牛雖然看起來十分醜陋可怕，但是事實上犀牛十分膽小。牠們從來不會主動攻擊其他生物，甚至還會努力避免和其他生物爭鬥，但是犀牛受傷或是受到驚嚇的時候，牠們會茫然地攻擊看到的所有生物。犀牛的身體光滑無毛，但是犀牛皮很厚。因為犀牛皮上褶縫很多皮膚很嫩，所以犀牛

大西洋北部　　　　　　　　地中海

大西洋南部

非洲示意圖

印度洋

要經常在泥巴裡打滾，以保護自己的皮膚。

一個非洲黑人

他覺得自己非常時髦

非洲象是世界上最大的象，牠們的體型巨大，無論雄性還是雌性，都有很長的象牙，原本牠們是非洲草原真正的霸主，就連獅子也不敢招惹牠們。因為非洲象的象牙品質非常好，很適合製作鋼琴琴鍵以及其他裝飾品，所以許多非洲象被人們射殺。現在，非洲象已經被國際自然保護聯盟列為瀕臨絕種的物種。

神秘而古老的非洲大陸，還有更多奇妙生物等待我們去發現，相信將來我們會從這裡得到更多驚喜。

## 【歷險手稿】——身上有圖案的馬

非洲有一種非常溫順可愛的馬，牠和我們平時看到的馬不同，牠的身體上布滿黑白的條紋，就像穿著一件條紋襯衫，這種可愛的馬就是斑馬。

斑馬到底是長著黑條紋的白馬，還是長著白條紋的黑馬？對於這個問題，人們一直爭論不休，最後有一位科學家找出答案。他把斑馬的毛全部剃掉之後發現，剃掉以後的斑馬皮是黑色的，白條紋是後來長出來的，所以斑馬是一種長著白條紋的黑馬。

# 第 61 章：鑽石王國

南非位於非洲大陸的南端，在印度洋和大西洋的航運要道上。南非的地理位置十分重要，這裡曾經是著名的「西方海上生命線」好望角的航道所在地。南非很早就有人居住，但是在1652年，荷蘭人入侵南非。緊接著，大批殖民者為了這裡豐富的金礦蜂擁而來。這些殖民者來自歐洲各個國家，他們將自己國家的語言和風俗習慣帶到南非，所以南非的人種和語言非常複雜。

在西方流傳一個傳說，這個傳說告訴人們，彩虹盡頭藏著黃金。如果這個傳說是真的，「彩虹盡頭」一定是指南非，因為現在世界上大部分的黃金都是產自南非。南非擁有世界上最大的金礦，如果全世界所有的黃金製品都要給自己寫上「籍貫」，將有超過一半的黃金會在自己的「籍貫」上寫著：南非約翰尼斯堡。

黃金自古以來就是重要的貨幣，在人們的生活中，佔有非常重要的地位。雖然鉑金相對應黃金更珍貴，但是黃金在幾千年以來，一直是貨幣的最高級別，沒有其他金屬可以取代。所以，黃金是「金屬之王」。

黃金的品質好壞，以「純度」來表示。如果有人對你說：「這塊黃金是24K。」就表示這塊黃金是純金，裡面沒有任何雜質。摻雜其他金屬的黃金，就不是純金。

金礦中的黃金，大部分都和岩石混合在一起，只有將岩石磨成粉末之後，才可以將黃金取出。我們經常在電影中看到，人們拿出一根金條。但是事實上，從金礦中產出的黃金不是一塊一塊的。

彩虹的盡頭

傳說在彩虹的盡頭有許多黃金

　　除了黃金以外，南非的鑽石也是聞名於世。鑽石非常堅硬，是一種非常珍貴的寶石。南非的金伯利，是鑽石的重要產地之一。南非的鑽石礦是從一種黃土中被發現的，這種原本在火山裡的黃土下面，有一種堅硬的深藍色岩石，這就是鑽石原岩——金伯利岩。

　　現在，人們提到優質的鑽石，首先想到的就是南非，然而在古代，印度才是鑽石的著名產地。鑽石對於那個時候的人們而言，是神話中才有的物品，是神靈的寶物，是勇敢、權力、地位、尊貴的象徵。因此，只有身分顯赫和位高權重的人，才可以擁有鑽石。

　　隨著世界各地都有發現鑽石礦，鑽石已經成為所有人都可以擁有和佩戴的寶石。我們最熟悉的鑽石飾品，就是鑽戒。我相信，你的母親也有一枚鑽戒，如果她願意，你可以向她借來看。上面的那顆鑽石，也許就是產自南非。

　　迄今為止發現最大的鑽石，是在南非的普列梅爾礦山。在那裡，人們發現一顆重達3106克拉的巨型鑽石「庫利南」。後來，人們發現第二大

的鑽石「大莫臥兒」。可惜，「大莫臥兒」被人盜走，人們再也沒有看到它。我想，大莫臥兒已經被小偷切割成小塊鑽石，因為它非常特殊，所以只要它出現，人們就會發現。小偷也知道這一點，所以要把「大莫臥兒」切割成小塊鑽石，才不會被人們發現。

雖然鑽石非常珍貴，但不是所有鑽石都是好鑽石。由於形成的環境和條件不同，鑽石在品質上也有良莠之分。想要辨別鑽石的好壞，最簡單的方法是看鑽石的色澤。

我們可以把鑽石對著光線，看看鑽石會發出哪種光，是純白色的光，還是白中帶藍的光，或是白中帶黃的光。一般來說，發出純白色光的鑽石最好。此外，鑽石越純淨越好。無色的鑽石，是最好的鑽石。色調越深的鑽石，品質相對比較差。在鑽石中，也有一些異類，它們是彩鑽，例如：黃鑽、綠鑽、藍鑽、褐鑽、粉鑽、橙鑽、紅鑽、黑鑽、紫鑽，它們都是比白鑽更珍貴的鑽石，價格昂貴，千金難求，其中又以紅鑽最珍貴。


## 【歷險手稿】——金伯利的鑽石洞

由於鑽石埋藏在一種被稱為金伯利岩的礦石中，這種礦石埋藏很深，如果要開採鑽石，人們只能盡最大努力往下挖洞。所以，南非有許多山丘因為開採鑽石而變成許多大洞。那些被挖出大洞的山丘，被稱為「大洞」。在這些大洞中，最有名的是金伯利大洞。

為了開採鑽石，人們從這裡挖走2200多萬噸土。這裡的採礦隧道，深達1100公尺。當然，這裡也出產大量鑽石。據說，從這裡出產的鑽石，多達14500000克拉。

# 第 62 章：海洋中突起的大陸

　　地球上有一個島嶼，它非常巨大，以至於人們把它當作一塊大陸，這就是澳洲。相對於大洋洲的其他島嶼而言，澳洲就像一個巨人，因此人們經常誤以為，大洋洲裡只有澳洲。事實上，這個說法不正確。除了澳洲之外，大洋洲還有其他島嶼。

　　澳洲的首都是坎培拉，關於它的建立，還有一段故事：當初，墨爾本和雪梨都想要成為首都，但是兩座城市爭來爭去，也沒有爭出結果。後來，人們在雪梨和墨爾本之間建造坎培拉，並且將它定為首都。

　　四萬多年以前，澳洲就有土著居民。澳洲的土著叫做叢林居民，他們至今還保留自己的風俗和習慣，例如：他們住在用樹枝和泥土搭建的窩棚裡，使用迴旋鏢打獵為生。他們通常只用一塊布或袋鼠皮蔽體，喜歡在身上紋身或塗抹各種顏色。他們的身體彩繪非常有變化，平時只是在臉頰、肩膀、胸部塗上黃白顏色，節慶或歌舞表演的時候，就會使用隆重的全身彩繪。他們的紋身，大多數是比較粗的線條，有些像雨點，有些像波紋，紋身對於成年的土著來說十分重要。

　　後來，歐洲人來到這裡，他們誤以為這片土地和南極洲相連，所以將它命名為「澳洲」——拉丁文「南部的土地」的意思。最初，澳洲是英國人流放罪犯的地方。因為在英國人眼中，任何人被關在這個茫茫大海中的孤獨小島上，都沒有辦法逃跑。後來英國人發現，澳洲除了關押犯人之外，還有更大的用處，因為他們在澳洲中部的沙漠地區發現金礦。

　　黃金是非常珍貴的金屬，所有人都想要得到它。於是，當時的英國

人不顧危險，不畏炎熱，來到澳洲的沙漠淘金，這些人就是自由移民。但是，他們抱持滿腔的希望來到這裡的時候才發現，在這裡淘金的成本太高，以至於他們完全賺不到錢。

所以，他們只能尋找另一種可以發財的辦法。經過觀察以後，他們發現：澳洲的南部有一片廣闊的草原，非常適合放養牛羊，但是澳洲當地沒有牛羊。於是，這些人把牛羊和一些外來動物引入澳洲。人們滿懷希望地將牛羊帶到草原上的時候，又發現當地的草不適合牛羊食用。沒有辦法，他們又從自己的國家引進草種，在澳洲播種。

經過一番曲折以後，他們終於成功了。這些人給澳洲的發展帶來很大的幫助。現在，澳洲的畜牧業非常發達，英國一半以上的進口羊毛來自這裡。澳洲出產的綿羊毛又長又滑，品質優良，牛肉和羊肉也非常滑嫩。雪梨和墨爾本也成為世界上最著名的羊毛集散中心。

但是，不是所有事情都是這麼美好，這些自由移民在把澳洲改造成良好牧場的同時，也給這裡帶來長久的隱患。

當時，英國人都是根據需要和個人愛好來選擇要把什麼東西帶到澳洲。所以，人們把兔子帶到澳洲的時候，沒有人覺得有什麼不對。但是，這些兔子逃到野外之後，人們才終於發現，這是一個多麼可怕的選擇。

澳洲是一座孤立的島嶼，它的生態環境和動物與外面的世界不同。這裡對兔子而言，簡直就是天堂。這裡有足夠的食物，最重要的是，這裡沒有兔子的天敵。

於是，繁殖能力驚人的兔子，在這裡變得越來越多。牠們和牛羊爭食，不僅如此，人們種植的糧食也幾乎被牠們吃光。無奈之下，人們只能捕殺兔子。但是，無論人們怎麼捕殺，還是無法解決兔子數量過多的問題。所以，人們只能一直和野兔抗爭。

澳洲因為得天獨厚的地理環境，被稱為「世界活化石博物館」。這裡總共有一萬兩千種植物，其中有九千種是澳洲獨有的。鳥類總共有六百五十種，其中有四百五十種是澳洲獨有的。這裡有喜歡爬樹的無尾熊，也有把孩子放在袋子裡的袋鼠，以及古老而原始的鴨嘴獸。有一些船員甚至聲稱，在這裡附近的海裡看到漂亮的美人魚。


## 【歷險手稿】——瘋狂的兔子

在森林中，最猖狂的動物是什麼？大多數人都會說老虎、獅子、豹，但是在澳洲，最猖狂的動物卻是最可愛的兔子。這是什麼原因？

在19世紀中期，澳洲本來沒有兔子，於是人們從英國引進24隻兔子，原本準備把這些兔子放在動物園裡展示。可是沒有想到，動物園突然失火，兔子逃竄到廣闊草原上。沒有豺狼虎豹等天敵的追殺，兔子在澳洲草

原生活得不亦樂乎。1928年，澳洲的兔子數量竟然達到40億隻。牠們破壞農田和植物，給草原和畜牧業帶來巨大災難。

　　於是，澳洲發動兔子殲滅戰。為了迅速控制兔子的數量，人們不惜使用細菌戰，終於使兔子的數量得到控制。1993年，澳洲的兔子又恢復到4億隻，讓澳洲的「人兔大戰」至今仍然在進行。

# 第 63 章：這裡真的有食人族嗎？

在很多傳說和故事中，經常都會提到一群人：他們嗜吃人肉，非常殘暴。每當我們聽到這樣的故事，都會感到毛骨悚然。世界上真的有食人族嗎？答案是肯定的，世界上曾經有食人族。

澳洲的東南方是紐西蘭，在紐西蘭的北部，生活著一群土著居民，他們叫做毛利人，毛利人就是著名的食人族。現在的毛利人已經不再吃人，但是在古代，毛利人會把戰俘吃掉以表示威嚴。毛利人雖然不再吃人，但是在毛利人的表演中，依然會展示吃人以前的儀式，因為對毛利人來說，這是他們為驍勇善戰的祖先感到自豪。

作為紐西蘭的少數民族，毛利人屬於蒙古人種和澳洲人種的混血後代。他們的皮膚偏黃，有自己的信仰和獨特的風俗。毛利人有一種禮儀舉世聞名，那就是——「碰鼻禮」。

在毛利語中，「碰鼻禮」的意思是「洪吉」，表達主人對客人的誠摯歡迎。在進行碰鼻禮的時候，客人要與主人的鼻尖觸碰三次。雖然毛利人沒有規定鼻子觸碰的時間，但是在毛利人的觀念中，觸碰鼻子的時間越長，表示越熱情越友善。

毛利人是一個能歌善舞的民族，他們的音樂明朗愉快，舞蹈也是熱鬧歡暢。毛利人非常擅長木雕，他們可以在任何東西上進行雕刻，無論是獨木舟，還是村莊入口處，或是集會場周圍，都可以看到風格獨特的毛利人雕塑作品。

現在，世界上有沒有其他食人族？我們不知道，雖然關於他們的傳說

一些南海島嶼示意圖

太平洋

食人島

珊瑚礁

蘇祿海

很多，但大多數是以訛傳訛，不足取信。

在很久以前，白人覺得土著是野蠻未開化的人，他們會吃人是理所當然，一方面是知識的缺乏，另一方面是白人對土著存有偏見。有意思的是，土著也曾經將白人當作食人族。土著以為白人是食人族的原因很簡單，因為他們看到自己的親戚朋友被白人帶走卻再也沒有回來，所以認為白人把他們全部吃掉。事實上，那些人是被當作奴隸賣到歐洲。

世界各地都曾經發生吃人的事件，這些事件的發生原因，大多數是因為饑餓或仇恨，而且吃人的故事經常發生在愚昧封建的時代，現代世界會不會還有一些沒有被開發的地方仍然有一些原始部落保留吃人的習慣？等到你們長大以後，可以繼續探索，慢慢查證。

## 【歷險手稿】——食人部落的邏輯

為什麼有些原始部落會食用人肉？難道人肉比其他動物的肉更美味？

巴布亞的奧洛卡瓦人會把敵人當作獵物食用，是為了「捕捉其靈魂」和慰藉戰死的族人。新幾內亞的花族人吃人，是為了保留一種自然界無法再生的體液。阿茲特克人吃戰俘的肉，是為了獲得死者的威力……

其實，很多食人部落將人肉視為神的食物，認為吃人是一種與神交流的形式，是進行象徵性統治的一部分，不是野蠻地為了吃而吃，這就是他們吃人的原因。

汲古閣 16

希利爾的
世界地理

| | |
|---|---|
| 作者 | 維吉爾・希利爾 |
| 譯者 | 王奕偉 |
| 美術構成 | 騾賴耙工作室 |
| 封面設計 | 斐類設計工作室 |
| 發行人 | 羅清維 |
| 企劃執行 | 張緯倫、林義傑 |
| 責任行政 | 陳淑貞 |

| | |
|---|---|
| 企劃出版 | 海鷹文化 |
| 出版登記 | 行政院新聞局局版北市業字第780號 |
| 發行部 | 台北市信義區林口街54-4號1樓 |
| 電話 | 02-2727-3008 |
| 傳真 | 02-2727-0603 |
| E-mail | seadove.book@msa.hinet.net |

| | |
|---|---|
| 總經銷 | 知遠文化事業有限公司 |
| 地址 | 新北市深坑區北深路三段155巷25號5樓 |
| 電話 | 02-2664-8800 |
| 傳真 | 02-2664-8801 |
| 網址 | www.booknews.com.tw |

| | |
|---|---|
| 香港總經銷 | 和平圖書有限公司 |
| 地址 | 香港柴灣嘉業街12號百樂門大廈17樓 |
| 電話 | （852）2804-6687 |
| 傳真 | （852）2804-6409 |

| | |
|---|---|
| CVS總代理 | 美璟文化有限公司 |
| 電話 | 02-2723-9968 |
| E-mail | net@uth.com.tw |

| | |
|---|---|
| 出版日期 | 2022年03月01日　二版一刷 |
| 定價 | 320元 |
| 郵政劃撥 | 18989626　戶名：海鴿文化出版圖書有限公司 |

國家圖書館出版品預行編目（CIP）資料

希利爾的世界地理 ／ 維吉爾・希利爾作 ； 王奕偉譯.
-- 二版. -- 臺北市 ： 海鴿文化，2022.03
面 ； 公分. -- （汲古閣；16）
ISBN 978-986-392-406-7（平裝）

1. 世界地理 2. 通俗作品

716　　　　　　　　　　　　　　111000720